Stefanie Werger
Kulinarische Kompositionen

Kulinarische Kompositionen

Trennkostrezepte mit Fantasie

Stefanie Werger

<u>1. Auflage</u>
1. - 30.000.

ISBN 3-9500103-5-1
© Stefanie Werger
Averbo Verlags- und Vertriebs-GmbH

Druck: Druckerei Gutenberg, Wiener Neustadt
Litho: WMP, Mödling
Umschlag- und Buchgestaltung: Anita Taschner
Cover- und Innenfotos Rezepte: GUSTO/Stefan Liewehr, Eisenhut & Mayer,
Ulrike Köb, Trizeps, Das Foto
Fotos Stefanie Werger: Inge Prader
Karikaturen: Stefan Hanse
Lektorat: Barbara Knapp

Kontaktadresse
Scheibmaier Promotions GesmbH & Co KG
Management- und Veranstaltungsagentur
A-1040 Wien, Argentinierstraße 71

http://www.stefanie-werger.at

Inhaltsverzeichnis:

Vorwort

Wenn mir vor Jahren jemand gesagt hätte, daß ich mit einem Sachbuch über Trennkost ("Wer spricht hier von Diät?") monatelang die heimischen Bestsellerlisten anführen würde, so hätte ich den Kopf geschüttelt und mit dem Finger an die Stirn getippt. Hätte er mir zudem noch prophezeit, daß ich einmal ein Kochbuch schreiben würde, so hätte ich diesen Menschen wahrscheinlich voller Sorge von Psychiatern beobachten lassen.
Mein Schicksalsweg windet sich manchmal in abenteuerlichen Verzweigungen, die meine Neugierde wecken und mein Leben spannend gestalten.

Der Erfolg meines Trennkost-Buches läßt sich nicht allein an Verkaufszahlen messen, denn zum einen habe ich mich selbst mit dieser gesunden Ernährungsform "gerettet", zum anderen konnte ich durch meine sichtbare äußerliche Veränderung und vitale Ausstrahlung viele Übergewichtige dazu motivieren, es selbst einmal zu versuchen. Immer wieder begegnen mir strahlende Menschen und berichten von ihren Erfolgen mit Trennkost. Ich war kaum imstande, die vielen Briefe zu beantworten, in denen man mir Dankbarkeit erwies, die ja eigentlich dem seligen Dr. Hay gebührte (ich habe mir erlaubt, einige dieser Briefe auszugsweise abzudrucken). Da die nachvollziehbare Verständlichkeit meines Trennkost-Buches immer wieder gelobt und ich häufig nach neuen Rezepten gefragt werde, gehe ich davon aus, daß dieses Kochbuch erwünscht und erwartet wird.

Ich lebe nach wie vor mit Trennkost und fühle mich so wohl damit, daß es mir gar nicht in den Sinn kommt, mich wieder umzustellen. Meine einstigen hemmungslosen Eßgewohnheiten würde mein Körper auch gar nicht mehr vertragen und mein Hausarzt hat mich seit meiner Ernährungsumstellung höchstens im Fernsehen zu Gesicht bekommen. Noch nie ist es mir über einen so langen Zeitraum gelungen, mein Gewicht einigermaßen gut zu halten. Sündhafte Seitensprünge der kulinarischen Art werden von meiner Waage nach wie vor mit einem Aufwärtstrend verbucht, doch die Erinnerung an meine einstigen Probleme, mein ungebrochener Schwur, nie mehr eine größere Konfektionsgröße zu kaufen, und schließlich die nahezu therapeutische Vorbildwirkung, die ich diesem Land vermittelt habe, lassen es gottlob nicht zu, mich gehen zu lassen. Lieber genieße ich meine qualitativ hochwertigen, schmackhaften Gerichte wie auch mein damit verbundenes geistiges und körperliches Wohlbefinden.

Ich werde ganz bestimmt noch einige Kilos wegbekommen, sobald ich wieder die anfänglich akribische Strenge einführe, aber eine "Dünne" zu werden, strebe ich nicht an, weil dies gar nicht in meinem Naturell liegt. Schade wär's, wenn aus meinen weiblichen Rundungen eine karge Busen- und Poebene würde.

Man sagt mir nach, daß ich eine gute Köchin sei - jedenfalls hat sich selten ein Gast zu beschweren getraut. Und da ich als Single nicht täglich um die gleiche Zeit verpflichtend für eine Familie oder einen heiklen Macho kochen muß, macht es mir auch wirklich viel Freude.

Dennoch sind nicht alle Rezepte, die Sie in diesem Buch vorfinden, meiner eigenen Kochkunst zuzuschreiben. Manche davon habe ich nachempfunden oder trennkostgerecht adaptiert. In der Hauptsache geht es mir darum, den Speiseplan für Trennkostbewußte phantasievoll zu erweitern, damit niemals Langeweile aufkommen möge in unseren Küchen.

Und so möchte ich mich an dieser Stelle sehr herzlich bei jenen großartigen Köchen und Fotografen bedanken, die mich mit ihren kreativen Rezeptbeispielen und bezaubernden Bildern inspiriert haben. Oft genug hatte ich mich nächtens in olympischer Disziplin zu üben, wenn ich beim Schreiben der Rezepte die Fotos betrachtet habe und mir dabei das Wasser im Munde zusammenlief. Mein Dank gilt nicht zuletzt dem GUSTO/Orac Verlag für seine freundliche Kooperation.
Meinen Lesern wünsche ich gutes Gelingen und viel Freude mit diesem Buch.

Trennkost in Kürze:

Trennkost ist nicht als Diät zu verstehen, auch wenn sie allseits als solche gehandelt wird. Vielmehr birgt dieser Begriff die umsetzbare Philosophie einer ausgewogenen, gesunden und in gewissen Bereichen sogar heilenden Ernährungsweise in sich, die mit wenigen wesentlichen Grundsätzen verbunden ist.

Die wichtigste Regel der Trennkost lautet:
• **Mischen Sie konzentrierte eiweißhaltige Nahrungsmittel** (vorwiegend Fleisch, Fisch, ganze Eier, Milch und Käse mit weniger als 50 % Fett in Tr.) **nicht mit konzentrierten Kohlenhydraten** (vorwiegend stärkehaltige Nahrungsmittel wie Mehl, Zucker, Kartoffeln, Reis, Nudeln, Backwaren u.a.).

Da viele Nahrungsmittel auch beide Nährstoffe in unterschiedlichen Mengen enthalten, sprechen wir von „konzentrierten" Produkten, wenn sie vorwiegend Eiweiße oder Kohlenhydrate aufweisen (eine Nährwerttabelle, die man in fast allen Buchläden erstehen kann, ist recht nützlich).

Der Magen müßte für diese beiden Nährstoffe zwei verschiedene Verdauungssäfte produzieren, die er gleichzeitig nicht herstellen kann. Mischt man beide Nährstoffe in konzentrierter Form, so bleibt meist überschüssige Nahrung halbverdaut im Darm liegen, beginnt zu gären und verwandelt sich in schädliche Stoffe, die eine Übersäuerung des Körpers bewirken. Die Anzeichen dafür sind Begleiterscheinungen wie Blähungen, Völlegefühl, Sodbrennen und Unwohlsein, die auf längere Sicht zu schweren Stoffwechselerkrankungen führen können (Gastritis, Magengeschwüre, Gicht, Übermüdung und Lebensunlust).

Begünstigt wird diese Übersäuerung auch durch den übermäßigen Konsum von Fleisch (vor allem tierischem Fett) und stark gezuckerten Speisen, die auch nachhaltig für Übergewicht sorgen.

• **Der zeitliche Abstand zwischen den Eiweiß- und Kohlenhydratmahlzeiten sollte vier Stunden betragen.**

Das heißt: Wenn Sie um 14 Uhr ein Schnitzerl (Eiweiß) gegessen haben und um 16 Uhr Lust auf einen Erdäpfelsalat (Kohlenhydrate) haben, so sollten Sie damit noch zwei Stunden warten, oder statt dessen einen Blattsalat (neutral) oder ein anderes neutrales Gericht essen.

• **Neutrale Nahrungsmittel** (Gemüse, Salate, Fett, Eidotter, gesäuerte Milchprodukte, Weißkäse) **dürfen jederzeit mit beiden Nährstoffen gemischt werden.**

Das klingt für jemanden, der sich mit Trennkost noch nie auseinandergesetzt hat, vielleicht ein wenig kompliziert, doch wenn man sich einmal gemerkt hat, wie die Nahrungsmittel zuzuordnen sind, muß man vor der Speisenwahl nicht mehr lange nachgrübeln. Auch in diesem Buch finden Sie eine umfangreiche Trenntabelle, die Ihnen darüber Aufschluß gibt, welche Nahrungsmittel Sie miteinander kombinieren dürfen. Um Sinn und Wirkung dieser ausgewogenen Ernährungsform jedoch wirklich nachvollziehen zu können, sollte man zumindest ein Sachbuch über Trennkost gelesen haben. Auf Grund des großen Zuspruches habe ich keinerlei Hemmungen, mein eigenes zu empfehlen („Wer spricht hier von Diät?" - Averbo Verlag).

Essen Sie langsam und mit Bedacht, und vermeiden Sie, den Magen vier bis fünf Stunden vor dem Schlafengehen zu belasten. Verwenden Sie stets frische Zutaten und hochwertige, kaltgepreßte Öle. Gemüse, Obst und Salate sollten niemals überlagert sein. Ich beschränke mich meist auf saisonbedingte Waren, da sie wesentlich besser schmecken und keine langen Lieferzeiten aus fernen Ländern hinter sich haben. Auch achte ich auf qualitativ hochwertiges Fleisch aus artgerechter Tierhaltung und studiere genau die Packungsangaben. Bei Fertigprodukten vermeide ich auf diese Weise versteckte Zutaten, die der Trennkost nicht zuträglich wären.

Gemüse soll kurz und schonend gegart werden, um die wichtigen Vitamine und Nährstoffe zu erhalten. Erhitzen Sie Fette nicht zu stark und halten Sie sich damit ein wenig zurück, wenn es Ihnen lieber wäre, weniger Gewicht zu haben. Schlagobers kann man auch mit Wasser verdünnen. Achten Sie bei Räucherwaren darauf, daß sie nicht zu stark gesalzen sind. Fleisch sollte man vor der Zubereitung auf Zimmertemperatur bringen, weil es dann mehr Geschmack entfaltet. Auch roh genossene Salate und Gemüse schmecken direkt aus dem Kühlschrank nicht so gut wie bei Zimmertemperatur.

Essen Sie reichlich basenbildende Stoffe (Gemüse, Salat), da sie den Verdauungsapparat in Schwung halten. Bemessen Sie Ihre Portionen so, daß Sie angenehm satt werden und bedenken Sie, daß man - wenn man wirklich Gewicht reduzieren möchte - den „Löffel nicht allzu voll" nehmen soll. Wenn beispielsweise Fett als „neutral" gilt, so heißt das nicht, daß man davon soviel essen kann, wie man möchte. Selbst Trennkost kann dick machen, wenn man zuviel und zu fett ißt, was jedoch nicht bedeutet, daß man deswegen hungern muß.

- **Trinken Sie täglich mindestens zwei Liter Flüssigkeit** in Form von Mineralwasser oder frisch gepreßten Gemüse- oder Obstsäften (Vorsicht! Auch Fruchtzucker ist Zucker). Alkohol sollte nur in kleinen „Autofahrer-Mengen" genossen werden (Wein zu Eiweißen, Bier zu Kohlenhydraten. Ein klares Schnäpschen sollte eher eine seltene Ausnahme sein).

Geben Sie Ihr Geld nicht für marktschreiende Wunderdiät- oder Anti-Fett-Pillen aus, sondern gönnen Sie sich dafür lieber sonst etwas Schönes, denn damit werden Sie sich weniger „beschissen" fühlen. Die Pille, mit der man in sich hineinstopfen kann, was und so viel man will, und dennoch dabei abnimmt, wurde weltweit noch nicht erfunden! Und das ist ja auch irgendwie logisch. Schließlich kann der ungesunde Schrott, den sich der Mensch in den Rachen schiebt, nicht in Luft aufgelöst werden. Wenn es aber laut Gebrauchsanweisung nur funktioniert, indem man rigoros die Ernährung umstellt und auf Fett verzichtet, dann klappt's auch ohne teure Pillen. Gesunde Ernährung macht schön, Chemie macht eher abhängig und krank, auch wenn sie im medizinischen Bereich Leben retten kann.

Wesentlich ist, daß chemische Hilfsmittelchen das eigene Selbstwertgefühl niemals in dem Ausmaß heben können wie ein starker Wille, der ausschließlich im eigenen Kopf entsteht und außer ein wenig Disziplin überhaupt nichts kostet.

Schon nach wenigen Wochen gewissenhaft praktizierter Trennkost mit mäßigen Portionen werden Sie eine deutliche Steigerung Ihres körperlichen und geistigen Wohlbefindens feststellen und zudem deutlich an Gewicht verloren haben, es sei denn, sie waren vorher schon schlank und praktizieren diese Ernährungsform nur aus gesundheitlichen Gründen.
Wer sich einmal daran gewöhnt hat, wird seine neue Lebensqualität nicht mehr so leicht durch hemmungslose Völlerei aufs Spiel setzen. Und wenn wir hin und wieder „kleinen Sünden" erliegen, so wird der liebe Gott uns das sicher auch noch verzeihen.

Trenntabelle:

Kombinieren Sie Rot mit Grün oder Blau mit Grün!

EIWEISSE:
dürfen nicht mit Kohlenhydraten gemischt werden.

NEUTRALE LEBENSMITTEL:
dürfen mit Eiweißen u. Kohlenhydraten kombiniert werden.

KOHLENHYDRATE:
dürfen nicht mit Eiweißen gemischt werden.

Fleisch :
Rind, Wild, Schwein, Hase, Geflügel, Lamm, Kalb, Innereien u.a.
Fisch:
alle gegarten Sorten, wie: Scholle, Kabeljau, Lachs, Hering, Makrele, Seeteufel, Forelle, Karpfen, Heilbutt, Meeresfrüchte u.s.w.
Wurst:
gekochte Wurst, wie: Bratwurst, Frankfurter, Käsekrainer, Krainer, Knackwurst u.s.w. gekochter Schinken, gekochte Räucherwaren, Leberkäse, Corned Beef
Andere Nahrungsmittel:
Eier, Käse (bis 50% Fett i. Tr.) Milch, Sojaprodukte, gekochte Tomaten, trockener Weißwein, Apfelwein, Most
Saure Früchte:
Äpfel, Mandarinen, Orangen, Zitronen, Kiwi, Ananas, Trauben, Beeren, Mangos, Zwetschken, Pfirsiche, Kirschen, Birnen, Marillen u.s.w.

Fette:
tierische und pflanzliche Fette, fetter Speck, Butter, gesäuerte Milchprodukte, Rahm, Eigelb, Quark, alle Weißkäsesorten, Käse (ab 50% Fett in Tr.)
Rohe und roh geräucherte Fleisch- und Wurstwaren:
Bündnerfleisch, Salami, roher Schinken, Blutwurst, Debreziner, Tatar, Rindscarpaccio
Roher und roh geräucherter Fisch:
Forelle, Aal, Matjes, Kaviar, Hering, Lachs, Sardinen, Thunfisch in Dosen, Austern
Gemüse und Salate:
Blattsalat, Gurken, Rote Rüben, Zwiebeln, Lauch, Kohl, Spargel, Bohnen, grüne Erbsen, Rettich, Tomaten*, Spinat*, Kürbis, Pilze, Paprika, Knoblauch, Zucchini, Chicorée, Möhren, Sellerie, Fenchel, Radieschen, Kraut u.a.
Andere Nahrungsmittel:
Nüsse (außer Erdnüsse), Klare Suppe, Kompotte
Gewürze:
Salz, Paprika, Muskat, Curry, alle frischen und getrockneten Kräuter.

Alle Getreidesorten:
(möglichst Vollkornprodukte) Weizen, Roggen, Mais, Gerste, Hafer, Hirse, Reis, Grünkern, Buchweizen
Getreideerzeugnisse:
Brot, Gebäck, Brösel, Teigwaren, Mehl, Grieß, Stärke
Mehlhaltige Speisen:
Frittaten, Backerbsen, Pizzateig, Kuchen, Kekse, Knödel, Spätzle
Kartoffeln:
Kartoffelstärke, Chips, Knabbergebäck
Andere Nahrungsmittel:
Zucker, Fruchtzucker, Honig, Ahornsirup, Trockenobst, süßes Obst, Schwarzwurzeln, Feigen, Datteln, Bananen, Heidelbeeren, Rosinen, Bier, Popcorn

* Tomaten und Spinat roh und gekocht zu Eiweißmahlzeiten, zu Kohlenhydratgerichten nur roh.

Je süßer das Obst ist, desto mehr Kohlenhydrate entwickelt es. Grundsätzlich sollte Obst nur vor dem Essen oder als eigenständige Zwischenmahlzeit genossen werden.

Anmerkungen zu den Rezepten:

Die Gerichte sind grundsätzlich leicht nachzuvollziehen und nehmen größtenteils nicht sehr viel Zeit in Anspruch. Die Rezepte sind nicht - wie üblicherweise - nach Vorspeisen, Hauptgerichten und Nachspeisen sortiert, sondern nach Eiweiß-, Neutralen- und Kohlenhydratmahlzeiten. Diese Kategorien sind auf Grund der Farbmarkierungen auch von außen leicht erkennbar:

Rot - Eiweiß, Grün - Neutral, Blau - Kohlenhydrate

Dabei geht es immer um vorwiegend eiweiß- oder kohlenhydratreiche Nahrungsmittel. Die Menge der Zutaten spielt eine große Rolle. Wenn man beispielsweise eine Fleischsauce mit einer Prise Zucker abschmecken oder ein wenig Parmesan mit weniger als 50% Fett über die Nudeln streuen möchte, so braucht man deswegen kein schlechtes Gewissen zu haben. Hingegen sind die üblichen Beilagen zu Fisch oder Fleisch wie Kartoffeln, Reis, Nudeln oder Knödel für ein Trennkost-Gericht keinesfalls geeignet, auch wenn diese klassischen Beilagen in Mitteleuropa üblich sind. Statt dessen schmeckt jedoch frisches Gemüse oder ein knackiger Salat zum Steak ebenso gut, hat man sich erst einmal daran gewöhnt.

Viel besser, als die in Österreich traditionell mit Mehl gebundenen Fleischsaucen schmeckt mir persönlich ein Natursafterl, das mit etwas kalt eingerührter Butter eine weiche, angenehm verfeinerte Substanz bekommt. Wenn's noch cremiger werden soll, dann kann man auch mit etwas Sauerrahm oder Crème fraîche binden. Allerdings haben wir Trennkostbewußte ohnehin weder Reis noch Erdäpfel zum Fleisch, mit denen wir die Sauce „tunken" könnten. Aber damit kann man leben.

Laut Nährwerttabelle konnte ich feststellen, daß klare Fleischbrühen kaum noch Eiweiße enthalten, vor allem dann nicht, wenn man den grauen Schaum (Eiweiß), der sich anfangs beim Sieden bildet, ständig abschöpft. Und da die Auswahl der Suppeneinlagen, die meist Eier und Mehl enthalten (Frittaten, Leberknödel, Grießnockerl) sehr begrenzt ist, darf man ruhig ein paar Nudeln (ohne Ei!) in die Suppe geben, sofern man dann mit Kohlenhydraten weitermacht.

Eine aufmerksame Leserin meines Trennkost-Buches hat mir geschrieben, daß Obstsorten, die Dr. Hay größtenteils zu den Eiweißen zählt, laut Nährwerttabelle oft viel mehr Kohlenhydrate aufzeigen als Eiweiß. Ich habe dies nachkontrolliert und muß der Dame rechtgeben. Süßes, reifes Obst entwickelt mit der Zeit viel mehr Stärke. Auch reife Bananen haben viel mehr Kohlenhydrate als im fast grünen Zustand. Grundsätzlich meine ich, daß Obst, wenn man es nicht unmittelbar nach dem Essen verzehrt, so leicht verdaulich ist, daß man es eigentlich zu den Neutralen Lebensmitteln zählen könnte, die Bananen (sehr viele Kohlenhydrate) ausgenommen. Jedoch sollte man nicht zuviel davon essen, da eben auch der Fruchtzucker vom Körper gerne zu Pölsterchen verwertet wird. Nach dem Essen ist Obst nur als Kompott oder gegart bekömmlich, dafür verliert es aber auch an Vitaminen.

Die herrlichen Desserts finden Sie hauptsächlich bei den Kohlenhydraten, da sie meist Zucker enthalten, mit dem ich in meinen Rezepten jedoch sparsam umgegangen bin. Sie können diesen auch gegen Süßstoff austauschen, wenn Sie gerade in der „strengen Phase" sind. Auch Schlagobers kann man mit Wasser verdünnen. Wenn Sie ein wenig „erschlanken" wollen, so sollten Sie anfangs die süßen Leckereien lieber sein lassen und statt dessen ein Stück Obst pro Tag essen. Ich werde immer gleich süchtig, sobald ich mit Süßem anfange, also gönne ich es mir nur an großen Lichttagen. Es gibt aber auch Desserts mit relativ wenig Kalorien und auch solche, die man anstatt eines Hauptgerichtes essen kann.

Viele Gerichte werden mit Nährwertangaben angeführt, es fehlte mir jedoch Zeit und Routine, sie alle zu errechnen. Besonders leichte und kalorienarme Kost wird extra gekennzeichnet.

Sie haben natürlich die Möglichkeit, Fleisch- oder Gemüsesorten nach Belieben auszutauschen und Ihrer Fantasie freien Lauf zu lassen. Mir hat es jedenfalls Spaß gemacht, klassische Rezepte ein wenig umzumodeln, so daß sie auch trennkostgeeignet sind. Die Palette der Möglichkeiten ist vielfältiger als man anfangs denkt und beschert dem Gaumen immer wieder neue Abenteuer. Mit meinen Anregungen, den tollen Abbildungen und Ihrer Fantasie können Sie in Ihrer Küche vielleicht auch auf längere Sicht abwechslungsreiche und wohlschmeckende Mahlzeiten zaubern, die in keiner Weise an irgendeine „Diät" erinnern.

I like „Slow-food"

Zugegeben, so ein Fleisch-, Käse- oder Fischlaberl mit Ketchup und Zwiebelringen oder eine schnelle Pizzaschnitte im Stehn hat mir hin und wieder auch einmal geschmeckt, wenn ich hungrig war und ich mir keine Zeit für ein ordentliches Essen nehmen wollte. Selbst einen angesehenen Wiener Gourmetkoch habe ich einmal mit großer Sonnenbrille und hochgestelltem Kragen in einem „Fast-food" Restaurant dabei erwischt, als er mit roher Entschlossenheit seinen nouvelle cuisine-verwöhnten Gaumen mit einem Monsterburger knechtete und selbigen mit dem berühmten schwarzbraunen Limogesöff gleitfähig machte.

Solche Ausrutscher sind für mich mittlerweile Geschichte, weil ich mir dafür zu schade bin und mich bei vorgefertigten „Turbo-Snacks" stets das Gefühl beschleicht, nie genau zu wissen, was ich da alles esse.

Wenn ich heute einmal sündige, dann tu ich das nicht mit „Plastikfutter", das außer einem schlechten Gewissen nachhaltig auch meist von Blähungen begleitet wird, sondern mit hochwertiger Nahrung. Meine kulinarisch animalischen „Seitensprünge" werden stilvoll und bravourös im geeigneten Rahmen zelebriert, mit liebevoll zubereiteten, lange vermißten Köstlichkeiten. Das richtige Sündigen will nämlich gelernt sein.
Hatte ich mir beispielsweise zwei Jahre lang den „guten Chinesen" verkniffen, weil ich mir seine typischen Gerichte ohne Reis nicht vorstellen konnte, so werde ich - falls morgens meine Kopfpolster schon feucht sind, weil ich nachts, wenn ich davon träume, zu sabbern beginne - das beste chinesische Restaurant aufsuchen und mir mein Lieblingsmenü mit allem Drumherum einverleiben. In solch raren Momenten verklären sich meine Gesichtszüge in sinnlicher Verzückung, und es kann vorkommen, daß ich vor Wonne laut zu stöhnen beginne, worauf sich meist viele Lokalbesucher auf der Stelle das gleiche bestellen. Und wenn ich anhaltenden Gusto auf ein Kalbswienerschnitzerl habe, dann esse ich es eben einmal, auch wenn Trennkost-Spezialist Dr. Hay im Grabe den Kopf zu schütteln versucht.

Für ein Backhenderl in Mutters Küche, von ihr selbst im Butterschmalzreindl gebacken, hätte ich - zumindest in jenen orgasmatischen Augenblicken - sogar einen filmtauglich geschminkten Richard Gere nackt im Seidenbett liegen lassen.

Solange solch üppige Lustbarkeiten eher seltene Ausnahmen bleiben, kriege ich deswegen weder Pickel, Gastritis noch Magenkrämpfe. Der Körperumfang explodiert nur bei unersättlichen Wiederholungstätern. Ich gebe meinen hinterhältigen Fettzellen jedenfalls keine Chance, sich wieder aufzublasen und mein Leben zu erdrücken. Auch, weil mir mit all den herrlichen Trennkostgerichten ohnehin nichts abgeht, außer vielleicht ein sinnlich attraktiver, liebevoller Kavalier, der noch besser kochen kann als ich und mir täglich das Frühstück ans Bett serviert.

Die Hektik unserer Zeit läßt den Berufstätigen viel zu wenig Spielraum, um tagsüber mit

Ruhe und Bedacht zu speisen. Die Nahrungsmittelindustrie hat sich mit chemisch haltbar gemachten Fertigprodukten längst darauf eingestellt. Fertigtomatensauce in der handlichen Packung beispielsweise, die laut Ablaufdatum auch nach einem halben Jahr Küchenregalaufenthalt noch genießbar ist, macht mich äußerst mißtrauisch.

Verschiedene Geschmacksrichtungen werden ebenfalls mit chemischen Substanzen kopiert, obwohl das Original leicht zu haben wäre. Dabei kann ein Fruchtjoghurt mit Erdbeergeschmack aus dem Plastikbecher gewiß nicht besser schmecken als frische Erdbeeren mit Joghurt. Und wie könnten Chips & Co oder die geistlose Erfindung der Pommes frites gegen frisch gekochte Frühkartoffeln mit etwas Butter ankommen?

Auch die Einbildung spielt bei unseren Ernährungsgewohnheiten eine nicht unbedeutende Rolle. Wäre Kaviar billig und leicht zu haben, so würden wir uns nicht viel daraus machen. Wäre hingegen ein Krautkopf eine sündhaft teure Rarität, so würden die Promis und Schickimickis wahrscheinlich schon beim Frühstück mit einem Krautsalat protzen. Wer nach diesen Maßstäben lebt, kann sich womöglich gar nicht mehr daran erinnern, wie gut einmal ein ganz gewöhnliches Butterbrot mit frischem Schnittlauch geschmeckt hat.

Ich kann die Hysterie mancher Menschen nicht nachvollziehen, die sich über Raucher in Restaurants beschweren, weil diese sie angeblich krank machen, während sie sich selber chemische, nährwertlose „Unkost" in den Mund stopfen und sogar ihre Kinder bedenkenlos damit belasten. Es gibt in Amerika unzählige Rechtskonflikte zwischen Tabakkonzernen und Lungenkrebspatienten, hingegen ist mir nie zu Ohren gekommen, daß ein Magen- oder Darmkrebspatient je eine Fast-food-Kette wegen Körperverletzung verklagt hätte.

Wir sollten wieder lernen zu schmecken, zu genießen und auf unseren Körper zu hören. Die Natur bietet in ihrer Vielfalt genügend sinnliche und köstliche Gaumenerlebnisse, die uns gut tun.

Die Rolle der „Ernährungsexpertin" kann und will ich nicht annehmen, denn auch ich habe schließlich all diese gedankenlosen Völlereien bis zum Exzeß ausgekostet. Letztlich habe ich meine Konsequenzen daraus gezogen. Vielmehr möchte ich zu einer neuen Wertschätzung uns selbst gegenüber anregen. Die wahre Lebensqualität kann man nicht kaufen, aber man kann sie allmählich erlernen. Das ist allemal besser als ein Chirurgenskalpell, egal, ob damit einmal ein Stück eines kranken Dickdarms herausgeschnitten werden muß oder nur ein mittelgroßes Fettpölsterchen. Wohlbefinden macht glücklich, und Glück ist der beste und billigste Schönheitschirurg der Welt.

Auszüge aus Leserbriefen

Sehr geehrte Frau Werger!

Sie haben mir vor einem Jahr wahrscheinlich das Leben gerettet. Am 18.10. 97, nach einem schönen Urlaub in der Steiermark, wog ich bei einer Größe von 164 cm stolze 98 kg. Ich habe 46 Jahre gearbeitet (davon 26 Jahre als Portier im Hotel Bristol in Wien) und bin mit 60 in Pension gegangen.

Bei den anschließenden Gesundheitsuntersuchungen hatte ich die nur denkbar schlechtesten Werte, sehr hohen Blutdruck und eine geschwollene Leber. Das Gespräch mit meinem Hausarzt nachher war kein Honiglecken. Sein einziger Rat: sofort abnehmen. Ich hatte das schon einige Male versucht, aber ohne Erfolg. Auch meine Gattin kämpfte mit Übergewicht. Als ich damals vom Arzt nach Hause kam, hatte meine Frau Ihr Buch: „Wer spricht hier von Diät?" gekauft. Wir nahmen uns fest vor, ab jetzt, 25.10.97, nur noch nach Ihrem Buch zu leben. Die Abnehmversuche vorher waren immer mit großem Hunger und Magenknurren verbunden.

Beide waren wir einmal starke Raucher und haben vor 30 Jahren ohne Tabletten über Nacht das Rauchen aufgegeben. Und was uns damals mit dem Rauchen gelang, brachten wir auch diesmal - mit über 60 Jahren - fertig. Ich muß aber ehrlich sagen, ohne Ihr Buch hätten wir das nicht geschafft.

Meine Gattin hat in 6 Monaten 13, ich mit meinem Bierbauch 22 kg abgenommen.

Bei der Blutabnahme im Frühjahr, kein einziger Wert erhöht, Blutdruck normal. Für uns war Ihr Buch eine große Hilfe und für mich, glaube ich, Rettung in letzter Minute. Nur Sie, meine ich, können sich vorstellen, wie glücklich wir beide heute sind. Alles, was in Ihrem Buch steht, stimmt hundertprozentig.

Wir wünschen Ihnen alles Liebe und weiterhin viel Erfolg!

Engelbert Bauer und Gattin Theresia, 1100 Wien

Liebe Stefanie Werger,

Ich bin 34 Jahre alt und liebe seit 15 Jahren Ihre Musik. In meiner Freizeit male ich (recht erfolgreich) Seidentücher. Wann immer ich male, kann ich es nur mit Liedern von Ihnen. Ich liebe die Art und Hintergründigkeit vieler Ihrer Texte.

Dies zur Einleitung.

Ich bin 1,78 m groß und wog bis vor kurzem 120 kg. Ich bin seit vier Jahren sehr krank, habe schlechte Blutwerte und Rheuma. Ich bin die Königin aller schlechten Diäten, und gemeinsam hätten wir noch vor einiger Zeit mehr Schatten als das Empire State Building geworfen. Ich habe - dank Ihres Trennkostbuches - bereits 14 kg abgenommen, und meine Krankheit hat sich komplett gebessert! Ich bin so überzeugt von meiner neuen Lebensweise, weil ich mich so gesund fühle. Mein Mann ist überglücklich, und ich bin es auch. Ich habe Sie immer sehr verehrt, aber jetzt haben Sie einen ganz besonderen Platz in meinem Herzen eingenommen.

Ihre Andrea Reiter, 8010 Graz

Sehr geehrte Frau Werger!

Ich bin Heilpraktiker und habe, schon aus beruflichem Interesse, sehr viele Diäten studiert und teilweise auch ausprobiert. Nun las ich Ihr Buch über die „Hay'sche Trennkost", welches erstaunlich leicht und unkonventionell geschrieben ist. Diese Ernährungsform empfinde ich auf Grund Ihrer Zusammensetzung und Ihren gut nachvollziehbaren Grundregeln nicht nur für Diätzwecke als ausgewogen, vielseitig und vernünftig.

Mein ganzer Familienkreis (wir sind eine Ärztefamilie) ernährt sich seither erfolgreich mit Trennkost, und wir fühlen uns allesamt sehr wohl damit.

Ich kann Ihnen zu Ihrem Buch: „Wer spricht hier von Diät" nur gratulieren und wünsche Ihnen auch weiterhin viel Erfolg!

Dr. Raimund Warhanek, 1140 Wien

Liebe Stefanie!

Ich leide seit vielen Jahren an Untergewicht. All meine Bemühungen zuzunehmen, scheiterten. Nun las ich in Deinem Buch: „Wer spricht hier von Diät?", daß man mit Trennkost nicht nur erfolgreich abnehmen sondern als untergewichtiger Mensch auch nach einiger Zeit zunehmen kann, weil diese Ernährung das Gewicht angeblich normalisieren soll.

Zugegeben, ich habe nicht recht daran geglaubt, wollte es aber zumindest eine Weile versuchen, was mir nicht sehr schwer fiel, da mir Deine Rezeptvorschläge recht gut geschmeckt haben. Nun sind erst drei Monate vergangen, und ich kann Dir mit großer Freude berichten, daß ich bereits 5 Kilo zugenommen habe. Ich sehe jetzt viel besser und vor allem gesünder aus und fühle mich auch sehr wohl. Und daß mir meine Kleider ein wenig eng geworden sind, kann mir nur recht sein!

Ich danke Dir sehr für Deine wertvollen Hinweise und wünsche Dir noch recht viel Erfolg!

Manuela John, 1100 Wien

Liebe Frau Werger!

Ich bin schon lange ein Fan von Ihnen, aber seit ich Ihr Buch „Wer spricht hier von Diät" gelesen habe, ist meine Verehrung noch größer. Was es bei mir bewirkt hat, muß ich mir einfach von der Seele schreiben.

Ich hatte bereits einige Diäten versucht, aber keine schlug richtig an. Nachdem mir meine Tochter Ihr Buch zu lesen gab, fing ich sofort am „nächsten Tag" (30.1.98) mit der Trennkost an! Ich habe mich nicht ganz streng an die Regeln gehalten, aber trotzdem bis heute bereits 15 kg abgespeckt.

Ihr Buch hat in meinem Kopf etwas ausgelöst, das ich nicht beschreiben kann. Es fiel mir nicht mehr schwer, auf Süßes zu verzichten - und das bei meiner Naschhaftigkeit. Und auch das Trennen der Speisen ist mir in Fleisch und Blut übergegangen. Ihre Schreibweise ist so toll, daß man es einfach versuchen muß.

Ich fühle mich rundum wohl und bin glücklich - dank Ihrer Hilfe und der Hilfe Ihres Buches.

Anna Hammerl, 8720 Knittelfeld

Eiweiß-Gerichte

Rindsuppe mit Fleisch und Gemüse

Zutaten für 4 Personen:
(Kalorienarmes Gericht)

700 - 800 g Suppenfleisch
vom Rind (Schulterscherzerl,
Beinfleisch, Tafelspitz)
2 - 3 Rindsknochen
2 kleine Markknochen
1 Bund Wurzelgemüse
2 Lorbeerblätter
1 kleine Zwiebel
2 Knoblauchzehen
½ Stange Lauch
etwas Petersilie und
Liebstöckel
Salz und Pfeffer
1 Gewürznelke
1 Bund Schnittlauch

1 Fleisch und Knochen waschen. 1 ½ l Wasser mit Salz, Pfeffer und Gewürznelke würzen. Fleisch, Knochen und Lorbeerblätter zufügen und das Wasser langsam zum Köcheln bringen (nicht aufkochen, da sonst die Suppe trüb wird) und etwa zweieinhalb Stunden bei leichter Hitze (ca. 85 Grad) ziehen lassen. Anfangs immer wieder Schaum abschöpfen.

2 Wurzelgemüse putzen, waschen und in mundgerechte Stücke schneiden, Kräuter waschen, Lauch in Ringe schneiden, Knoblauch schälen und in Scheibchen schneiden. Die Zwiebel bei Bedarf nur von der äußersten Schale befreien (verleiht der Suppe eine goldgelbe Farbe).

3 Nach ca. 2 Stunden Siedezeit das Wurzelgemüse, Kräuter, Knoblauch und die Zwiebel im Ganzen in die Suppe geben und weiterziehen lassen.

4 Am Ende der Garzeit die Zwiebel, Lorbeerblätter, Gewürznelke und Knochen entfernen (Markknochen aufheben!). Das Fleisch herausheben und kalt abschrecken. Sobald es kalt ist, kann man es gut aufschneiden, ohne daß es zerfällt. Ein Stück Schulterscherzerl oder Tafelspitz in Scheiben schneiden und für eine gesonderte Mahlzeit aufheben. Das restliche Fleisch in mundgerechte Stücke schneiden und wieder in die Suppe geben.

5 Die Suppe bei Bedarf nochmals erwärmen und mit Fleisch- und Gemüseeinlage anrichten. Feingehackten Schnittlauch darüber streuen.

Tip

Auch als Hauptgericht ausreichend!
Sofern man den grauen Schaum, der sich anfangs beim Kochen bildet, gut abschöpft, enthält die Suppe kaum noch Eiweiß. Die klassischen Suppeneinlagen (Leberknödel, Griesnockerl, Frittaten, u.s.w.) sind auf Grund ihrer Zusammensetzung nicht mit der Trennkost zu vereinbaren. Am ehesten wären Nudeln (ohne Ei), Kräuterschöberl oder geröstete Schwarzbrotwürfel denkbar, jedoch ohne Fleischeinlage in der Suppe und ohne Eiweiß-Speisefolge.
Sündiger Tip (Fett!): Getoastetes Schwarzbrot mit wenig gekochtem, gepfeffertem Knochenmark und zerdrücktem Knoblauch - sozusagen als deftiger „Nachtisch".

Fischsuppe

**200 g Frischlachs-Filet (ohne
Haut und Gräten)
200 g Zanderfilet
(mit Haut und ohne Gräten)
100 g Shrimps
50 g Stangensellerie
1/16 l Wermut
1 - 2 Pkg. Safranfäden
1/2 Zwiebel
1 Knoblauchzehe
3/4 l Fischfond
(auch Instant)
1/8 l Schlagobers
1 Becher Sauerrahm
Salz und Pfeffer
Zitronensaft
etwas Öl
2 EL Butter**

1 Wermut mit Safranfäden vermischen. Zwiebel und Knoblauch schälen, fein hacken, in 1 Eßlöffel Butter anschwitzen, mit Wermut und Fischfond aufgießen und aufkochen. Obers zugießen und etwa 10 Minuten köcheln lassen.

2 Den Sauerrahm mit etwas Suppe gut verrühren und in die Suppe mischen. Weitere 10 Minuten köcheln.

3 Stangensellerie putzen und schälen. Selleriestangen in etwa 1 cm lange Stifte schneiden, in Salzwasser bißfest kochen, abseihen und abtropfen lassen.

4 Shrimps unter kaltem Wasser gut spülen und trocken tupfen. Fischfilets in mundgerechte Stücke schneiden und mit Salz, Pfeffer und Zitronensaft würzen. Je 1 Eßlöffel Öl und 1 Eß-

löffel Butter erhitzen und Fisch darin rundum anbraten. Shrimps und Stangensellerie zugeben und kurz mitbraten.

5 Die Suppe mit Salz, Pfeffer und Zitronensaft abschmecken. Fischfilets und Sellerie in Suppentellern anrichten, Suppe darüber gießen und rasch servieren.

Tip

Einen Fischfond kann man aus Fischkarkassen (Abfälle, die beim Filetrieren der Fische anfallen) zubereiten. Man schneidet sie vorher klein und wässert sie gut. Mit in Stücke geschnittenem Zwiebel und Sellerie setzt man die Fischabfälle in etwa 1 l kaltem Wasser an, gibt ein Lorbeerblatt und Pfefferkörner bei und bringt das Ganze zum Kochen. Hitze reduzieren und den Fond etwa 20 Minuten schwach wallend köcheln lassen. Durch ein feines Sieb gießen.
Zur Fischsuppe paßt ein Glas kräftiger Chardonnay oder Weißburgunder.

Salat mit Putenstreifen „süß-sauer"

Zutaten für 2 Personen:

2 Portionen Mischblattsalat
2 kleine Puten-Schnitzerl
(oder ein Hühnerbrust-Filet)
3 Zehen Knoblauch
½ TL Ingwer (gehackt)
2 kleine Jungzwiebeln
2 EL Olivenöl
1 EL Maiskeimöl
2 EL Weißwein
¼ l Suppe (auch Instant)
½ EL Sojasauce
2 EL Ketchup
1 EL Butter
½ EL Zitronensaft
1 TL Himbeeressig
1 EL Weinessig
Salz und Pfeffer
1 Prise Zucker
Worcester-Sauce
1 TL Chili
2 EL Sauerrahm
1 EL Joghurt

1 Salat putzen, waschen und gut abtropfen lassen. Knoblauch schälen und durch die Knoblauchpresse drücken. Jungzwiebeln putzen und fein hacken. Fleisch in dünne Streifen schneiden, salzen, pfeffern und mit Zitronensaft beträufeln.

2 1 zerdrückte Knoblauchzehe, Ingwer und Zwiebel in 1 Eßlöffel Olivenöl anschwitzen, mit Suppe und Wein aufgießen, Ketchup unterrühren und etwa ½ Minute köcheln lassen. Mit Sojasauce, Chili, Worcester-Sauce, 1 Prise Zucker, Himbeeressig, sowie Salz und Pfeffer würzen und nochmals kurz köcheln.

3 Für die Knoblauchsauce Sauerrahm, Joghurt, 2 zerdrückte Knoblauchzehen, Maiskeimöl und Weinessig gut vermischen, salzen, pfeffern und mit dem Stabmixer pürieren.

4 1 Eßlöffel Öl und 1 Eßlöffel Butter erhitzen und Fleisch darin rundum anbraten. Vom Feuer nehmen, mit einem Drittel der süß-sauren Sauce vermischen und ein wenig ziehen lassen.

5 Salate auf Tellern dekorativ arrangieren und mit Knobauch-Sauce beträufeln. Das Putenfleisch dazugeben und mit der restlichen süß-sauren Sauce marinieren.

Tip

Das Gericht eignet sich gut als Hauptspeise an sommerlichen Tagen. Es hat pro Portion etwa 660 kcal / 2765 kj.
Ein Gläschen Gewürztraminer würde hierzu recht gut passen.

Rindfleischsalat mit Ei

Zutaten für 2 Personen:
(Kalorienarmes Gericht)

400 g gekochtes,
mageres Rindfleisch
1 Zwiebel
½ rote und ½ gelbe
Paprikaschote
2 Paradeiser
2 EL gekackte Kräuter
(Schnittlauch und Petersilie)
2 Eier
Essig und Öl
Salz und Pfeffer

1 Gekochtes Suppenfleisch in kaltem Zustand in Scheiben schneiden (am besten kocht man es schon am Vortag).

2 Eier 10 Minuten kochen, abschrecken, schälen und in Schiffchen schneiden.

3 Paprikaschoten putzen, waschen und in Streifen schneiden, Zwiebel schälen und ebenfalls in Streifen oder Ringe schneiden, Paradeiser waschen, Strünke entfernen und achteln.

4 Essig mit etwas Wasser verdünnen, Öl einrühren und mit Salz und Pfeffer abschmecken. Petersilie in die Marinade geben.

5 Das Rindfleisch mit Paradeisern, Zwiebel und Paprikastreifen auf Tellern anrichten, Marinade darüber verteilen und etwa 15 Minuten einziehen lassen. Mit Eiern und Schnittlauch garnieren und gut gekühlt servieren.

Tip

Hat man gekochtes Rindfleisch, so hat man meist auch noch eine gute, klare Suppe, die man mit Wurzelgemüse vorweg genießen kann. Alles in allem eine sehr „schlanke Kraftnahrung".

Bunte Salatschüssel

Zutaten für 2 Personen:
(Kalorienarmes Gericht)

2 Portionen Mischblattsalat
(Häuptel, Chicorée, Radicchio,
Feldsalat)
1 Tomate
1 kleine Salatgurke
1 Bund Radieschen
100 g durchwachsener Speck
2 Eier
3 EL Sauerrahm
2 EL Salatmayonnaise
(fettreduziert)
1 Knoblauchzehe
1 kleine Zwiebel
½ Zitrone
Salz und Pfeffer
1 EL Kräuteressig
Frische Salatkräuter
(Petersilie, Schnittlauch,
Gartenkresse)
½ EL Öl

1 Eier 10 Minuten kochen, abschrecken, schälen und in Scheiben schneiden.

2 Salatblätter putzen, waschen und abtropfen lassen. Tomate waschen, Strunk entfernen und in Scheiben schneiden. Salatgurke waschen und nach Belieben - mit oder ohne Schale - in Scheiben schneiden. Radieschen putzen, waschen und klein schneiden. Zwiebel und Knoblauchzehe schälen und fein hacken. Kräuter waschen, Blätter abzupfen und fein schneiden.

3 Für das Dressing Sauerrahm mit wenig Wasser, Zitronensaft, Mayonnaise und Kräuteressig glattrühren. Zerdrückten Knoblauch einrühren.

4 Salate in einer Schüssel mit dem Dressing behutsam vermischen.

5 Speck in Würfel schneiden und in einer Pfanne mit etwas erhitztem Öl knusprig anrösten.

6 Salate anrichten und mit Eiern, Speckkrusteln und frischen Kräutern garnieren.

Tip

Für das Dressing sind Ihrer Fantasie keine Grenzen gesetzt. Balsamico-Essig und Olivenöl geben dem Salat eine italienische Note, mit Himbeeressig erzielt man einen fruchtig-süßen Geschmack, und mit steirischem Kürbiskernöl erhält der Salat eine eher deftige Note.

Wenn Sie auf die Eier verzichten möchten, so ist der Salat neutral und Sie dürfen beispielsweise ein Vollkornweckerl dazu essen, was sehr sättigend ist.

Gefüllte Truthahn- Rouladen

Zutaten für 2 Personen:
(Kalorienarmes Gericht)

Ca. 300 g Truthahnbrust-Filet
1/16 l helles Bier
1/16 l Suppe (Geflügelsuppe
oder Instant)
1 kleine Pkg. Mozzarella
4 dünne Scheiben Parma-
schinken
4 – 6 Spinatblätter
Salz und Pfeffer
1 El Öl
1 EL Butter

1 Mozzarella auf einem Sieb gut abtropfen lassen und dünn aufschneiden. Spinatblätter waschen, von harten Stielen befreien und kurz in Salzwasser überbrühen.

2 Das Fleisch in zwei gleich große Teile schneiden und dünn klopfen. Beidseitig salzen und pfeffern und die Schnitzel an der unteren Hälfte mit Spinatblättern belegen. Darüber den Parmaschinken und die Mozzarella-Scheiben legen. Das Fleisch straff darüber einrollen und mit Zahnstochern fixieren.

3 Öl und Butter in einer Pfanne erhitzen und das Fleisch rundherum anbraten. Dabei öfter mit Bratfett begießen. Mit Bier ablöschen, Pfanne zudecken und auf kleiner Flamme ca. 10 Minuten schmoren.

4 Rouladen herausheben und warm stellen. Bratrückstand mit Suppe aufgießen und kurz aufkochen.

5 Zahnstocher aus den Rouladen ziehen und das Fleisch in Scheiben schneiden. Mit der Sauce und einer Garnitur aus marinierten Blattsalaten oder mit gedünstetem Gemüse anrichten.

Tip

Natürlich kann man auch Hühner- oder Kalbsrouladen anstelle des Truthahns wählen. Bier tut in dieser kleinen Menge der Trennkost keinen Abbruch. Man kann jedoch auch mit Wein ablöschen, was beispielsweise zu Huhn oder Kalbfleisch besser passen würde.
Mit dieser recht „schlanken" Speise (pro Portion etwa 430 kcal / 1810 kj) werden die Fettzellen nicht viel Freude haben. Außerdem kann man dieses Gericht in einer halben Stunde zubereiten.

Hühnercurry mit Ananas

Zutaten für 2 Personen:

2 Hühnerbrust-Filets
1 kleine Zwiebel
1 schwacher EL Curry
Saft von je einer Orange
und Limette
⅛ l Kokosmilch
(aus der Dose)
⅛ l Hühnersuppe
(oder Instant)
1 Prise Nelkenpulver
1 Prise Chilipulver
⅛ l Schlagobers
2 Scheiben Ananas
(frisch oder aus der Dose)
1 Möhre
1 kleine Dose
Bambussprossen (ca. 70 g)
Salz
3 EL Öl

1 Die Karotte waschen, schälen und in dünne Streifen schneiden, in Salzwasser bißfest kochen, abseihen, abschrecken und abtropfen lassen.

2 Bambussprossen auf einem Sieb gut abtropfen lassen, Zwiebel schälen und kleinwürfelig schneiden. Ananas in kleine Stücke schneiden.

3 Hühnerbrust-Filets der Länge nach halbieren und in ca. 1 cm breite Streifen schneiden, salzen, in erhitztem Öl rundherum anbraten, herausheben und beiseite stellen.

4 Zwiebel im Bratrückstand anschwitzen, Curry einrühren, kurz mitrösten und mit Orangen- und Limettensaft, Kokosmilch, Suppe und Obers ablöschen und aufkochen. Die Sauce mit Nelken- und Chilipulver abschmecken. Fleisch zugeben und auf kleiner Flamme etwa 10 Minuten köcheln.

5 Möhren, Bambussprossen und Ananas untermischen und in der Sauce wärmen.

Tip

Trennkostbewußte Genießer müssen bei Eiweißgerichten leider darauf verzichten, die köstlichen Saucen mit bindenden Beigerichten (z.B. Brot) zu „tunken". Da jedoch noch genügend Sämiges auf dem Fleisch bleibt, darf man die restliche Sauce getrost im Teller lassen, um ein paar Kalorien einzusparen.
Dafür werden meine beiden Katzen immer dicker, die wahrscheinlich mit dem Fleisch mehr Freude gehabt hätten.

Gänseleber mit Pfirsichmus

Zutaten für 2 Personen:

Ca. 300 g Gänseleber
100 g Lauch
¼ l Weißwein
2 große, reife Pfirsiche
(oder Marillen)
1 TL Kristallzucker
(oder Zuckerersatz)
Saft von ½ Zitrone
Salz und Pfeffer
ein Schuß Grand Marnier
(Orangenlikör) oder
Marillenbrand
1 EL Öl
1 EL Butter

1 Pfirsiche (oder Marillen) waschen und entkernen. Etwa ⅛ l Wasser aufkochen, Zucker (Zuckerersatz) und Zitronensaft beigeben, die Früchte darin kurz bißfest kochen und im Kochfond auskühlen lassen.

2 Früchte in kleine Stücke schneiden, die Hälfte davon mit einem Stabmixer fein pürieren und die restlichen Fruchtstücke unterheben. Mit einem Schuß Grand Marnier oder Marillenbrand aromatisieren.

3 Die Haut der Gänseleber mit einem kleinen Messer abschaben und größere Äderchen entfernen. Die Leber in etwa 1 cm dicke Scheiben schneiden und kaltstellen.

4 Lauch der Länge nach aufschneiden, waschen und in Streifen schneiden. Butter in einer Pfanne erhitzen, Lauch darin anschwitzen, mit Wein ablöschen und noch etwa 10 Minuten bißfest dünsten. Mit Salz und Pfeffer abschmecken und beiseite stellen.

5 In einer Pfanne Öl erhitzen. Leber salzen und pfeffern und in heißem Fett beidseitig sehr kurz (etwa 30 Sekunden) anbraten, aus der Pfanne heben und auf Küchenkrepp gut abtropfen lassen.

6 Lauch und Gänseleber auf vorgewärmten Tellern dekorativ anrichten, das Pfirsichmus auf einer Tellerhälfte verteilen und rasch servieren.

Tip

Dazu paßt ein eher süßlicher Wein, wie etwa eine Trockenbeerenauslese oder ein Gewürztraminer.
Gänseleber kann man auch ohne Früchtemus vielseitig variieren, wie zum Beispiel auf gebratenen Apfelscheiben, oder auf grünen, mit Himbeeressig marinierten Salaten (Rucola, Feldsalat oder Radicchio). Bitte verzichten Sie auf „gestopfte" Gänseleber, den Tieren, wie auch (wegen des hohen Fettgehaltes) ihrer Figur zuliebe.

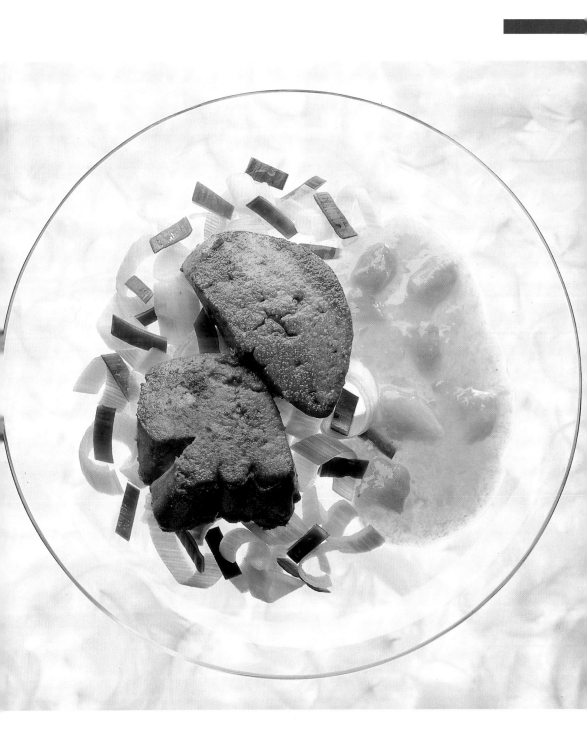

Tafelspitz mit Kürbisgemüse

Zutaten für 2 Personen:
(Kalorienarmes Gericht)

Ca. 400 g gekochten
Tafelspitz (oder anderes
Siedfleisch vom Rind)
¼ kg Kürbis
1 EL Butter
1 Zwiebel
1 TL Tomatenmark
1 TL Paprikapulver (edelsüß)
Salz und Pfeffer
Kümmel
⅛ l Rindsuppe (oder Wasser)
½ Becher Sauerrahm

1 Die in Scheiben geschnittenen Rindfleischstücke (siehe Rindsuppe) bei mäßiger Hitze in der Suppe erwärmen.

2 Kürbis schälen, in feine Streifen schneiden und salzen. Zwiebel schälen und klein schneiden.

3 Butter in einer Pfanne erhitzen und Zwiebel darin anschwitzen. Kürbis gut ausdrücken und kurz mitrösten. Pfeffer, Kümmel und Tomatenmark zugeben. Die Pfanne kurz von der Herdplatte nehmen und mit Paprikapulver stauben (Paprikapulver darf nicht mitrösten, da es sonst bitter wird).

4 Sauerrahm mit Rindsuppe gut verrühren und dazugeben. Das Gemüse auf kleiner Flamme weichdünsten. Bei Bedarf noch etwas nachsalzen.

5 Tafelspitz auf vorgewärmten Tellern mit dem Kürbisgemüse anrichten.

Tip

Dazu paßt sehr gut ein spritziger Schilcher aus der Südsteiermark.
Man kann statt dem Kürbis zum Rindfleisch natürlich auch anderes Saisongemüse reichen,
wie Spinat, Weißkraut, Rahmfisolen oder die klassischen Saucen, wie:

Apfelkren: 1 geschälten, säuerlichen Apfel fein schaben, mit etwas Zitronensaft vermengen und frisch geriebenen Kren darunter rühren.

Schnittlauch-Sauce: 1/8 l Suppe aufkochen, 1/2 Becher Crème fraîche einrühren und kurz köcheln lassen. 1 Bund Schnittlauch fein schneiden und untermischen. Mit Salz und grünem Pfeffer würzen.

Erdäpfel, in welcher Form auch immer, sollten Sie als überzeugter „Trennköstler" zum Rindfleisch tunlichst meiden!

Kalbsbries-Röschen auf Blattsalat

Zutaten für 2 Personen:
(Kalorienarmes Gericht)

1 Blattsalate putzen, waschen und durchmischen. Knoblauch schälen und durch eine Knoblauchpresse drücken.

2 Aus Knoblauch, Essig, Olivenöl, Salz und Pfeffer eine Marinade bereiten.

3 Kalbsbries (Zimmertemperatur) kurz unter fließendem Wasser abspülen, gut abtrocknen, salzen, pfeffern, mit einem scharfen Messer häuten und in kleine Röschen schneiden. Butter in einer Pfanne erhitzen und Bries darin beidseitig behutsam anbraten. Mit Wein aufgießen. Sobald dieser verdampft ist, mit Suppe nachgießen. Auf kleiner Flamme weiter köcheln, bis die Flüssigkeit fast zur Gänze verdampft ist. Bries herausnehmen und warm stellen.

4 Den Mischblattsalat mit der Marinade gut durchmischen und auf Tellern verteilen. Briesröschen darüber geben und mit Kräutern bestreuen.

2 Portionen gemischte Blattsalate (Frisée, Rucola, Eichblatt, Lollo rosso)
ca. 300 g Kalbsbries
1 Knoblauchzehe
1 EL Himbeeressig
(oder Weinessig)
1 EL Olivenöl (kalt gepreßt)
2 EL Butter
2 EL Portwein
2 EL Suppe (Instant)
Salz und Pfeffer
1 EL gemischte und gehackte Kräuter

Tip

Dies ist eine besonders feine, kalorienarme Vorspeise zu Eiweißfolgen (auch als wenig belastende Hauptspeise bestens geeignet). Am besten läßt man diese Innerei, die eher selten zu bekommen ist, schon vom Metzger von den Häuten befreien.

Kalbsbraten auf italienische Art

Zutaten für 4 Personen:
(Kalorienarmes Gericht)

Ca. 750 g Kalbsbraten
1 Bund Rucolablätter
(oder Friséesalat)
4 Tomaten
100 g Parmesan (im Ganzen)
1 Zweig Rosmarin
1 EL Balsamico-Essig
6 EL Olivenöl
Salz und Pfeffer
Kapernbeeren
schwarze Oliven

1 Backrohr auf 200 Grad C vorheizen. Fleisch mit Salz und Pfeffer würzen und in vier Eßlöffel Olivenöl rundherum anbraten. Einen Rosmarinzweig auf das Fleisch legen und im vorgeheizten Rohr auf dem Gitterrost (mittlere Schiene) etwa eine halbe Stunde braten. Immer wieder mit Bratfett übergießen.

2 Braten aus dem Rohr nehmen und eine Viertelstunde rasten lassen.

3 Rucola putzen, waschen und abtropfen lassen. Paradeiser waschen, Strünke entfernen und in Spalten schneiden. Fleisch in dünne Scheiben schneiden.

4 Je ein Eßlöffel Balsamico-Essig, Olivenöl und Wasser gut verrühren. Rucola und Tomaten in eine Schüssel geben, salzen, und mit der Marinade gut vermischen.

5 Bratenscheiben lauwarm mit dem Salat auf Tellern anrichten, mit grob gehobelten Parmesanstücken und frisch gemahlenem Pfeffer bestreuen. Nach Belieben mit schwarzen Oliven und Kapernbeeren garnieren. Kalbsbraten mit etwas Olivenöl beträufeln.

Tip

Zu diesem köstlichen Braten (den man auch kalt genießen kann) paßt ein Glas trockener Weißwein oder ein Rosé. Letzterer paßt nahezu immer zu Fleischgerichten.
Wem dieses Gericht als „Ein-Gang-Menü" genügt, wird seine gierigen Fettzellen zur Verzweiflung bringen.

T-Bone-Steak

Zutaten für 2 Personen:
(Kalorienarmes Gericht)

1 T-Bone-Steak (ca. 600 g)
1 EL Senfkörner
1 Bund Schnittlauch
2 EL scharfer Senf
(z. B. Dijon Senf)
Salz und Pfeffer
1 EL Öl
1 TL Butter (kalt)

1 Senfkörner am besten über Nacht in kaltem Wasser einweichen. Unter fließendem Wasser gut abspülen, in etwas Salzwasser überkochen, abseihen, kalt abschrecken und abtropfen lassen.

2 Schnittlauch waschen und fein schneiden.

3 Steak halbieren und pfeffern. In einer schweren Pfanne (Gußeisen) Öl erhitzen, Fleisch einlegen und bei starker Hitze beidseitig je 2 - 3 Minuten anbraten. Steaks salzen und bei reduzierter Hitze auf jeder Seite ca. 6 Minuten weiter braten.

4 Gegen Ende der Garzeit das Fleisch dünn mit Senf bestreichen und mit Senfkörnern und Schnittlauch bestreuen. Steaks aus der Pfanne heben und vor dem Servieren ein paar Minuten rasten lassen. Den Saft mit einem kleinen Stück kalter Butter binden und über die Steaks geben.

Tip

Dazu passen Blattsalate, Gurken- oder Tomatensalat, Grilltomaten, Speckfisolen oder Paprika-Zucchini Gemüse.

Ich empfehle, eventuell vorhandene Speck- oder Kruspelränder erst nach dem Braten wegzuschneiden, da auf diese Weise ein besserer Saft entsteht und die Steaks saftiger sind.

Schweinesteaks mit Zucchini

Zutaten für 2 Personen:
(Kalorienarmes Gericht)

2 Schweinerückensteaks
1 Petersilwurzel
1 Zucchino
1 kleine rote Zwiebel
1 Knoblauchzehe
1 EL gehackten Majoran
Salz und Pfeffer
Kümmel
etwas Öl
½ EL Butter
1 kleines Stück kalte Butter
für die Sauce
¹⁄₁₆ l Suppe (Instant)

1. Von dem Zucchino die Enden wegschneiden. Petersilwurzel schälen. Gemüse in ca. 1 cm breite, schräge Scheiben schneiden. Zwiebel schälen, vierteln und in etwa gleich große Stücke teilen. Knoblauch schälen und durch eine Knoblauchpresse drücken.

2. Die Gemüsesorten separat in Salzwasser bißfest kochen, abseihen, abschrecken und abtropfen lassen.

3. Die Steaks mit Salz, Pfeffer, Kümmel und einer halben zerdrückten Knoblauchzehe würzen, beidseitig mit Öl bestreichen und in einer schweren Grillpfanne beidseitig braten, bis sie eine schöne Farbe angenommen haben. Steaks herausnehmen und warmhalten.

4. Den Bratenfond mit Suppe ablöschen und mit einem kalten Butterstück binden (nicht mehr aufkochen!).

5. Das Gemüse in aufgeschäumter Butter schwenken, salzen, pfeffern, mit der restlichen Knoblauchzehe und Majoran abschmecken. Die Steaks mit Gemüse anrichten und Sauce darüber geben.

Tip

Da dieses Mahl pro Portion lediglich einen Nährwert von ca. 280 kcal / 1.160 kj aufweist, erübrigt es sich, hier von einem deftigen Gericht zu reden. Gegen mageres Schweinefleisch ist nicht viel einzuwenden, wenn man es hin und wieder genießt.

Von fettem Fleisch ist generell abzuraten, da erprobte Trennkost-Genießer - abgesehen von den vielen Kalorien - Probleme damit haben würden. Der Körper stellt sich sehr bald auf die neue, gesunde Ernährungsweise um, und reagiert auf höher dosiertes tierisches Fett mit Unbehagen (gelinde ausgedrückt), Völlegefühl und Schlaflosigkeit. Das Positive daran: Wenn man sich während der Trennkost damit einmal vollgegessen hat, dann graut einem ziemlich lange davor, auch wenn man vorher jahrelang zu den begeisterten „Schwartlknackern" gehört hat.

Bœuf Bourguignon

Zutaten für 2 Personen:
(Kalorienarmes Gericht)

400 g Rindfleisch von
der Unterschale
Salz und Pfeffer aus
der Mühle
1 Lorbeerblatt
½ TL getrockneter Thymian
1 Schuß Cognac
¼ l guter Roter Burgunder
1 EL Olivenöl
2 EL Butter
¼ l Fleischbrühe (Instant)
100 g Räucherspeck
10 Schalotten
150 g Champignons
1 EL Petersilie
1 Kräutersträußchen (2
Stengel Petersilie, 1 Thymi-
anzweig, 1 Lorbeerblatt)

Tip

Sehr gut schmecken auch
Steinpilze anstelle der Cham-
pignons.
Dazu paßt ein gemischter
Salat aus Blattsalat, Gurken
und Tomaten mit leichtem
Joghurtdressing.

1 Das Fleisch waschen, trocken tupfen und in größere Würfel schneiden. In eine Porzellanschüssel legen, mit Salz, Pfeffer, Lorbeerblatt und Thymian bestreuen, mit Cognac und Wein übergießen und ein paar Stunden einziehen lassen.

2 Fleischwürfel herausnehmen, abtropfen lassen und trocken tupfen. Die Marinade auffangen. Das Olivenöl und 1 EL Butter in einem Bräter erhitzen und Fleischstücke nach und nach darin kräftig anbraten. Fleisch herausnehmen.

3 Den Saft mit der Marinade und der Fleischbrühe aufgießen und unter ständigem Rühren aufkochen. Fleisch und Kräuterstrauß zufügen und zudecken. Bei kleiner Hitze ca. 1 ½ bis 2 Stunden garen, bis die Fleischwürfel schön weich sind. Etwa eine Stunde vor Garende die geschälten Schalotten in den Bräter geben.

4 Speck in feine Streifen schneiden, Champignons trocken säubern und eventuelle Stiele etwas abschneiden. Größere Stücke halbieren, Speck in 1 EL erhitzter Butter knusprig anbraten und aus der Pfanne nehmen. Danach die Champignons anbraten. Mit 2 Eßlöffel Wasser ablöschen und den Bratensatz lösen.

5 Fleisch mit einem Sieblöffel aus dem Bräter nehmen, Kräuterstrauß entfernen. Die Bratenflüssigkeit etwas einkochen lassen.

6 Fleisch wieder in die Sauce legen, Speck und Champignons beifügen, mit Salz und Pfeffer abschmecken und bei kleinster Hitze noch etwa 10 Minuten ziehen lassen.

7 In einer vorgewärmten Schüssel anrichten und mit gehackter Petersilie bestreuen.

Käseomelett mit Pilzen

1 Tomaten waschen, kleinen Strunk entfernen und in Scheiben schneiden. Zwiebel schälen und klein schneiden. Aus Essig, Öl, Zwiebel, Salz und Pfeffer eine Marinade für die Tomatenscheiben anrühren.

2 Pilze putzen und bei Bedarf kurz unter fließendem Wasser säubern, mit Küchenpapier trocknen, klein schneiden und in 1 Eßlöffel Butter anbraten. Gehackte Petersilie darüber streuen und mit Salz und Pfeffer würzen. Aus der Pfanne nehmen und im Sieb abtropfen lassen.

3 Lauchzwiebeln putzen, waschen und in feine Ringe schneiden. Käse raspeln, Eier mit Milch und Schlagrahm verrühren und mit Salz, Pfeffer und einer Prise Muskat würzen.

4 Lauchzwiebeln in restlicher Butter bei mittlerer Hitze anschwitzen, Eier und Pilze dazugeben, den Käse darüber streuen und zugedeckt stocken lassen.

5 Das Omelett 1 mal wenden und etwa 2 Minuten fertig backen. Aus der Pfanne nehmen, halbieren und auf vorgewärmten Tellern verteilen. Fein geschnittene Schnittlauchröllchen darüber streuen, und mit marinierten Tomatenscheiben garnieren.

Zutaten für 2 Personen:

1 kleiner Bund Lauchzwiebeln
2 kleine Tomaten
½ Zwiebel
Salz und Pfeffer
Muskatnuß
1 EL Essig
2 EL Öl
2 EL Butter
100 g Pilze
(Champignons, Austernpilze
oder Eierschwammerl)
80 g Gouda
4 Eier
1 EL Schlagrahm
4 EL Milch
½ Bund Petersilie und
Schnittlauch

Tip

Dazu passen frische Blattsalate. Bitte vermeiden Sie dazu Brot oder anderes Gebäck, da dies nicht mit der Trennkost zu vereinbaren wäre!

Gefüllte Lammkeule

Zutaten für 4 - 6 Personen:
(Kalorienarmes Gericht)

Ca. 1 ½ kg Lammkeule
(vom Fleischhauer die
Knochen bis auf den nach
außen verlaufenden
Haxelknochen auslösen
lassen)
½ kg Blattspinat
200 g Schafskäse
6 Zehen Knoblauch
1 Bund Rosmarin
Salz und Pfeffer
Kümmel
Thymian
⅛ l Olivenöl
½ l Rindsuppe
(wahlweise Instant)
200 g Schalotten
1 EL Butter

1 Spinat waschen, grobe Stiele entfernen und kurz in Salzwasser kochen. Gut ausdrücken, mit Salz, Pfeffer, 3 Zehen zerdrücktem Knoblauch und zerteiltem Schafskäse vermengen.

2 Backrohr auf 180 C Grad vorheizen. Rosmarinnadeln zerkleinern. Das Fleisch auseinanderlegen, innen mit Olivenöl einreiben und mit Salz, Pfeffer, Rosmarin und etwas Thymian würzen. Die Spinatmasse in die Vertiefungen, die beim Auslösen der Knochen entstanden sind, füllen. Lammkeule einrollen und mit Küchengarn binden.

3 Die Keule auch außen mit Öl bestreichen, mit Salz, Pfeffer, den restlichen zerdrückten Knoblauchzehen und etwas Kümmel einreiben. In einer großen Pfanne mit etwas heißem Öl rundherum anbraten.

4 Keule mit dem Pfannenöl in einen Bräter geben und im vorgeheizten Rohr 70 - 80 Minuten (je nach Größe) garen. Geschälte Schalotten dazulegen und mitschmoren lassen. Währenddessen mit ⅔ Suppe untergießen und den Braten öfters mit dem entstehenden Bratensaft benetzen.

5 Lammkeule aus dem Rohr nehmen, mit Alufolie abdecken und etwa 15 Minuten rasten lassen.

6 Die Schalotten aus dem Bräter nehmen, den Bratensaft mit restlicher Suppe aufgießen, kurz aufkochen, abseihen und kalte Butterstückchen einrühren, bis diese sich aufgelöst haben.

7 Lammkeule in Scheiben schneiden und auf einer vorgewärmten Platte mit Bratensaft und Schalotten anrichten.

Dazu passen Speckfisolen oder Zucchini-Gemüse.

Grillspieße

Zutaten für 4 Stück:
(Kalorienarmes Gericht)

150 g Schweinsfilet
150 g Rindsfilet
150 g Hühnerfilet
100 g Hamburger Speck
1 Zwiebel
1 rote und 1 gelbe
Paprikaschote
½ Zucchino
Salz und Pfeffer
Öl zum Bestreichen

1 Zwiebel schälen, Zucchinoenden wegschneiden, Paprikaschoten putzen. Gemüse in gleich große Stücke schneiden.

2 Speck in Scheiben, Fleisch in gleich große Stücke schneiden und mit dem Gemüse abwechselnd auf die Spieße stecken. Mit etwas Öl bestreichen, salzen und pfeffern. Beidseitig grillen, bis die Fleischstücke durch sind und der Speck knusprig ist.

3 Mit gemischten Salaten anrichten.

Tip

Als Beilagen empfehle ich außerdem Grilltomaten, gebratene Melanzane-Scheiben, Perlzwiebeln und verschiedene Grillsaucen wie:

Barbecue-Sauce: 1 Zwiebel und 2 Knoblauchzehen fein hacken und in wenig Butter anschwitzen. 1 Teelöffel Paprikapulver zugeben, kurz erhitzen, mit 1/4 l Suppe und 1/4 l passierten Paradeisern aufgießen und etwa 1/4 Stunde köcheln. Mit Salz, Pfeffer und Zitronensaft abschmecken.

Knoblauchsauce: 2 Eßlöffel Sauerrahm, 1 Eßlöffel Joghurt und 1/2 Eßlöffel Mayonnaise verrühren. Mit 4 zerdrückten Knoblauchzehen, Salz, Pfeffer und 1 Spritzer Zitronensaft abschmecken. Nach Belieben frisch gehackte Kräuter unterheben.

Rehmedaillons in Pfeffersauce

1 Backrohr auf 50 Grad C vorheizen. Filet in sechs gleich dicke Medaillons schneiden, etwas flachdrücken und mit Salz würzen.

2 In einer großen Pfanne Öl erhitzen und das Fleisch etwa drei Minuten insgesamt beidseitig anbraten, dabei öfter mit Bratfett übergießen. Filet aus der Pfanne heben und im vorgeheizten Rohr warm stellen.

3 Im Bratrückstand 1 Eßlöffel Butter erhitzen, zerdrückte Pfefferkörner darin anschwitzen, mit Weinbrand ablöschen und diesen fast bis zur Gänze einkochen. Bratensaft und Obers zugießen und die Sauce cremig einkochen.

4 Fleisch anrichten und mit der Sauce servieren.

Zutaten für 2 Personen:
(Kalorienarmes Gericht)

Ca. 400 g Rehrücken-Filet
1 EL Pfefferkörner (am besten
eine bunte Mischung)
2 EL Weinbrand
⅛ l Bratensaft (auch Instant)
1 EL Schlagobers
1 EL Öl
1 EL Butter
Salz

Tip

Sehr junges, zartes Wild (vor allem Filet) muß nicht gebeizt werden. Man sollte auch mit fertigen Wildgewürzmischungen sehr sparsam umgehen.

Ich reiche als trennkostgeeignete Beilage gerne gebratene Steinpilze oder Rotkraut zu Wildgerichten.
Zum Garnieren eignen sich Zwergorangen und halbierte rote Weintrauben (in Butter geschwenkt). Auch ein Teelöffel Preiselbeerkompott auf einer Orangenscheibe oder ein paar glasierte Maroni machen sich gut (mit Kompott oder Maroni sehr sparsam umgehen, da sie kohlenhydrathaltig sind).

Dazu paßt ein Gläschen guter, vollmundiger Rotwein.

Gebratenes Rebhuhn auf Rotkraut

Zutaten für 2 Personen:
(Kalorienarmes Gericht)

2 Rebhühner
2 Wachteleier (gekocht)
2 EL Öl
1 TL Himbeeressig
1 EL Butter
200 g Rotkraut
Saft von je einer halben
Zitrone und Orange
2 EL Rotweinessig
3 EL Walnußöl
5 Walnüsse
1 EL Preiselbeerkompott
Frisée-Salatblätter
(zum Garnieren)
Salz und Pfeffer
Zimt, Thymian und Majoran
1 Prise Zucker
(oder etwas Süßstoff)

1 Keulen und Brustfilets mit einem scharfen Messer von den Rebhühnern abtrennen und mit Salz, Pfeffer, Majoran und Thymian würzen.

2 Rotkraut vierteln, Strunk ausschneiden und in feine Streifen schneiden. Mit Salz, Pfeffer und je einer Prise Zucker und Zimt würzen. Zitronen/Orangensaft, Rotweinessig und Walnußöl dazugeben, gut durchmischen und etwa 10 Minuten ziehen lassen. Frisée-Salat mit Salz, Pfeffer, Himbeeressig und etwas Öl marinieren.

3 Butter und Öl in einer Pfanne auf kleiner Flamme erhitzen und Rebhuhn-Stücke etwa zehn Minuten beidseitig darin braten. Dabei immer wieder mit Bratfett übergießen. Fleisch aus der Pfanne heben und auf Küchenkrepp abtropfen lassen.

4 Rotkraut-Salat auf Tellern verteilen, Nüsse darüber geben, mit je zwei Brust- und Keulenstücken belegen und mit Preiselbeerkompott, geschälten Wachteleiern, Majoranblättchen und marinierten Friséesalatblättern garnieren.

Tip

Wenn Sie das Rebhuhn im Ganzen braten, so sollten Sie es würzen, mit einem Speckmantel umgeben, mit Garn zusammenbinden und ins Rohr geben. Danach Speck und Garn entfernen.

Wenn sehr kleine Mengen (Prisen) Zucker zu Eiweißgerichten verwendet werden, so muß man auch als „strenger Trennköstler" nicht gleich zum Süßstoff greifen. Statt dessen wäre es besser, etwas weniger vom Preiselbeerkompott (1 Teelöffel) zu nehmen, welches in den gekauften Gläsern doch einen ziemlich hohen Zuckergehalt aufweist. Kochen Sie die Wachteleier maximal 3 Minuten. Gleich unter kaltem Wasser abschrecken!

Seezunge mit Erbsenpüree

Zutaten für 2 Personen:
(Kalorienarmes Gericht)

2 Seezungen-Filets
(ohne Haut)
Saft und Schale von 1
unbehandelten Limette
(oder Zitrone)
4 EL Wermut
2 EL Butter
1/16 l Suppe
(Fischfond oder Instant)
150 g Erbsen
100 g Möhren
1 EL Crème fraîche
1 Knoblauchzehe
Salz und Pfeffer

1 Backrohr auf 180 Grad C vorheizen. Eine Auflaufform mit Butter ausstreichen. Die Limetten- oder Zitronenschale dünn abheben und in feine Streifen schneiden. Möhren waschen, putzen und in Streifen schneiden. Knoblauch schälen und durch eine Knoblauchpresse drücken.

2 Möhren und Erbsen getrennt in etwas Salzwasser gar kochen, abseihen und abtropfen lassen. Möhren zugedeckt warm stellen. Erbsen mit einem Stabmixer fein pürieren, etwas salzen und mit zerdrücktem Knoblauch und Crème fraîche gut vermischen.

3 Seezungen-Filets salzen und pfeffern, mit Wermut und der Hälfte des Limettensaftes beträufeln. Seezungenenden etwas einschlagen (so werden sie gleichmäßig gar) und nebeneinander in die Form legen.

4 Filets mit Suppe untergießen und im vorgeheizten Rohr (mittlere Schiene) etwa 10 Minuten garen. Auflaufform aus dem Rohr nehmen und den Kochfond in einen kleinen Topf gießen. Fischfilets mit Alufolie abdecken und im abgeschalteten Rohr warm stellen.

5 Restlichen Limettensaft und -schale in den Fond rühren, kurz aufkochen, vom Herd nehmen und mit kalter Butter binden, bis sie sich aufgelöst hat. Fischfilets mit der Limettensauce und Karottenstreifen auf Tellern anrichten. Aus dem Erbsenpüree Nockerln mit einem Löffel ausstechen und zum Fisch geben. Rasch servieren.

Tip

Dazu paßt ein Gläschen trockener Weißwein oder Rosé.
Begnügen Sie sich als sorgfältiger Trennköstler lieber nur mit einem Erbsennockerl, da die Hülsenfrüchte doch einige Kohlenhydrate aufzuweisen haben.

Lachs mit grünem Spargel

Zutaten für 2 Personen:
(Kalorienarmes Gericht)

300 g Frischlachs-Filet
(ohne Haut)
500 g grüner Spargel
4 mittelgroße Jungzwiebeln
3 EL Olivenöl
2 EL Balsamico-Essig
1 EL Butter
Salz und Pfeffer
Zitronensaft

1 Grünen Spargel im unteren Drittel schälen, trockene Enden wegschneiden. Spargel in Salzwasser bißfest kochen, herausheben, abschrecken, gut abtropfen lassen und dritteln.

2 Jungzwiebeln halbieren und in ca. 1 cm dicke Scheiben schneiden (nur den weißen Teil der Jungzwiebeln verwenden, Rest für Suppen verwerten).

3 Lachs in ca. 3 cm große Würfel schneiden, salzen, pfeffern und mit Zitronensaft beträufeln.

4 Für Marinade Essig mit 1 Eßlöffel Wasser, etwas Salz und Pfeffer gut verrühren. Olivenöl in dünnem Strahl unter ständigem Rühren dazu gießen. Gekochten Spargel mit Marinade übergießen.

5 In einer Pfanne je 1 Eßlöffel Olivenöl und Butter bis zum Aufschäumen erhitzen, Lachs und Jungzwiebeln darin bei mittlerer Hitze rundum kurzbraten, aus der Pfanne heben und auf vorgewärmten Tellern mit mariniertem Spargel anrichten.

Tip

Diese Köstlichkeit wird Ihr Gewichtskonto kaum belasten, denn es hat pro Portion nur etwa 350 kcal / 1465 kj. Falls dies nicht sättigend genug ist, könnte man vorweg noch ein Gemüsecreme-Süppchen reichen.

Kräuterforellen

Zutaten für 2 Personen:
(Kalorienarmes Gericht)

2 frische Forellen
1 Bund frische Kräuter
(Petersilie, Estragon,
etwas Liebstöckel)
Salz und Pfeffer
1 unbehandelte Zitrone
1 kleine Stange Lauch
1 Stange Sellerie
1 Möhre
1 Knoblauchzehe
2 Schalotten
4 EL weiche Butter

1 Die ausgenommenen Forellen waschen und mit Küchenpapier trocken tupfen. Innen und außen salzen und pfeffern und mit abgeriebener Zitronenschale würzen. Kräuter fein hacken, mit 1 Eßlöffel Butter vermengen und in die Bauchhöhlen der Forellen füllen (1 Eßlöffel Kräuter zum Garnieren zurückhalten).

2 Die Schalotten und den Knoblauch schälen und sehr fein hacken, Möhre waschen, schälen und in feine Streifen schneiden, Lauch und Selleriestange putzen und ebenfalls in feine Streifen oder Ringe schneiden.

3 Den Backofen auf 150 Grad C vorheizen. Ein Backblech mit einem großen Stück Alufolie auslegen, mit 1 Eßlöffel Butter bestreichen und mit den Gemüsestreifen belegen. Forellen drauflegen und mit dem Rest der Butter bestreichen. Die Alufolie mit etwas Luftpolster über den Forellen zusammenschlagen und die Ränder gut verschließen. Die Forellen auf mittlerer Schiene bei etwa 120 Grad C ca. 20 Minuten garen.

4 Die Forellen auf einer vorgewärmten Platte anrichten, den Gemüsesud darüber gießen und mit den Gemüsestreifen und feinen Zitronenscheiben umlegen. Mit dem Rest der feingehackten Kräuter bestreuen.

Tip

Dazu passen frische Blattsalate. Da dies ein sehr „schlankes" Gericht ist, empfehle ich dazu ein Glas guten trockenen Welschriesling aus der Südsteiermark.

Gefüllte Tintenfische

1 Tintenfische waschen und trocken tupfen. Die Fangarme in kleine Würfel schneiden, Lauchzwiebel und Knoblauch schälen und feinschneiden, Champignons putzen, bei Bedarf kurz unter fließendem Wasser abspülen und zerkleinern. Schinken in feine Streifen schneiden, Tomaten kurz in heißes Wasser geben, häuten, entkernen und Fruchtfleisch kleinschneiden. Kräuter waschen und fein hacken.

2 3 Eßlöffel Olivenöl erhitzen, Lauchzwiebel, Knoblauch, Tintenfisch-Würfel und Schinken darin anbraten. Champignons und die Hälfte der Petersilie beigeben, salzen, pfeffern und etwa 5 Minuten dünsten.

3 Die etwas abgekühlte Masse in die Tintenfisch-Öffnungen füllen und mit kleinen Holzstäbchen verschließen.

4 Restliches Öl (3 Eßlöffel) in einer Pfanne erhitzen und die gefüllten Tintenfische darin anbraten. Tomaten, den Rest der Petersilie, Basilikum, Thymian und den Weißwein zugeben. Mit Salz und Cayennepfeffer abschmecken und die Tintenfische in der zugedeckten Pfanne bei kleiner Hitze etwa 30 Minuten garen. Fische ab und zu wenden und Sauce umrühren.

5 Fische anrichten und mit Zitronenscheiben garnieren.

Zutaten für 2 Personen:
(Kalorienarmes Gericht)

4 kleine Tintenfische
(ausgenommen, ohne Kopf)
4 mittelgroße Lauchzwiebeln
2 Knoblauchzehen
2 Scheiben Parmaschinken
2 große Tomaten
1/16 l Weißwein
10 Champignons
1 Bund Kräuter (Petersilie,
Basilikum und Thymian)
6 EL Olivenöl
Salz und Pfeffer
Cayennepfeffer
1 unbehandelte Zitrone

Tip

Dazu paßt Blattspinat, Spargel oder Blattsalat.

Melonen-Bowle

Zutaten für 5 Portionen:
(Kalorienarmes Gericht)

1 kleine Wassermelone
1 Zuckermelone
1 Honigmelone
Saft einer Orange
2 EL Orangenlikör
50 g Kristallzucker
1 schwacher EL flüssiger
Süßstoff
¼ l trockener Sekt
1 Schuß Rum

1 Die Wassermelone am oberen Ende mit einem kleinen, spitzen Messer rundum zackenförmig einschneiden, sodaß sich die Schale als Deckel heben läßt.

2 Fruchtfleisch vorsichtig mit einem Löffel herauslösen und darauf achten, daß die Schale nicht verletzt wird. Die anderen Melonen halbieren und die Kerne mit einem Löffel herauslösen. Zucker- und Honigmelone achteln und Fruchtfleisch von den Schalen schneiden.

3 Fruchtfleisch aller Melonen in ca. 2 cm große Würfel schneiden, in eine Schüssel geben, mit Orangensaft, Likör, Rum, Zucker und Süßstoff behutsam vermischen. In die ausgehöhlte Wassermelonenschale füllen. Deckel draufsetzen und im Kühlschrank etwa 2 Stunden ziehen lassen. Vor dem Servieren die Melone mit Sekt auffüllen und rasch servieren.

Tip

Diese Bowle ist schwer zuzuordnen. Würde man anstatt des Süßstoffes mehr Zucker verwenden, so gehörte sie zu den Kohlenhydraten. Sekt und Wassermelonen ordnet man eher den Eiweißen zu. Da die Anteile der Nährstoffe relativ gleichwertig und nicht hoch konzentriert sind, könnte man sie auch als neutral betrachten.
Jedenfalls wird nichts Schlimmes passieren, wenn man sich 1 - 2 Portionen gönnt.

Wichtig wäre jedoch, die Bowle nicht nach einer Hauptmahlzeit zu genießen, sondern als sommerliche Erfrischung zwischendurch. Früchte, die nicht gegart wurden (z. B. zu Kompott), sollten grundsätzlich entweder vor dem Essen oder als Zwischenmahlzeit genossen werden, da unmittelbar nach dem Essen die Gefahr besteht, daß die Früchte im Magen zu gären beginnen und Säuren entwickeln, die uns nicht bekömmlich sind.

Neutrale-Gerichte

Karfiolcremesuppe

Zutaten für 4 Personen:
(Kalorienarmes Gericht)

Ca. 300 g Karfiol
1 kleine Zwiebel
1 Knoblauchzehe
1 EL Crème fraîche
1 EL Schlagobers
½ Bund Kräuter (Petersilie,
Liebstöckel, Schnittlauch)
½ l Gemüsesuppe (Instant
oder Wasser)
2 EL Butter
Salz und Pfeffer
Muskatnuß

1 Karfiol in kleine Röschen teilen und ein paar davon für die Einlage weglegen.

2 Petersilie und Liebstöckel waschen und fein-hacken. Zwiebel und Knoblauch klein schneiden, mit restlichem Karfiol in 2 EL Butter anschwit-zen, Kräuter dazugeben, mit Suppe und Obers aufgießen und auf kleiner Flamme ca. 20 Minuten köcheln lassen.

3 Karfiolröschen für die Einlage in Salzwasser kochen, abseihen, kurz unter kaltem Wasser abschrecken und abtropfen lassen.

4 Suppe mit Salz, Pfeffer und geriebener Muskatnuß abschmecken, Crème fraîche dazugeben
und mit einem Stabmixer fein pürieren. Erwärm-
te Karfiolröschen dazugeben, etwas feingehackten Schnittlauch darüber streuen und servieren.

Tip

*Auf diese Weise können verschiedenste Gemüsesorten, wie etwa Brokkoli, Spargel,
Lauchzwiebel oder Champignons zu Crèmesuppen verarbeitet werden, die mit allen
Hauptgerichten kombiniert werden können. Anstatt der Karfiolröschen könnte man auch
kleine geröstete Brotwürfel (Kohlenhydrate) in die Suppe geben.*

Tomatensuppe mit Paprika

Zutaten für 4 Personen:
(Kalorienarmes Gericht)

4 reife Paradeiser
½ grüne und ½ gelbe
Paprikaschote
½ l Gemüsesuppe
(oder Instant)
1 kleine Zwiebel
1 Knoblauchzehe
1 EL Schlagobers
2 EL Butter
1 EL Olivenöl
Salz und Pfeffer
Oregano
Basilikum (getrocknet)
2 Gewürznelken
1 Prise Zucker
etwas Schnittlauch

1 Tomaten mit einem Schöpfer kurz in kochendes Salzwasser geben, abtropfen, schälen, Strünke entfernen und in kleine Würfel schneiden. Zwiebel und Knoblauch schälen und kleinschneiden. Schnittlauch waschen und nicht zu klein schneiden.

2 Zwiebel und Knoblauch in 1 Eßlöffel Öl und 1 Eßlöffel Butter anschwitzen, Tomatenwürfel zugeben, mit Suppe aufgießen, mit Salz, Pfeffer, etwas Oregano, Basilikum, Gewürznelken und 1 Prise Zucker abschmecken. Kurz aufkochen und etwa 10 Minuten schwach wallend weiterköcheln lassen.

3 Inzwischen Paprikaschoten putzen und in feine Streifen schneiden. In einem Eßlöffel erhitzter Butter kurz anschwitzen, herausheben und beiseite stellen.

4 Ein EL Schlagobers in die Suppe einrühren und noch kurz köcheln lassen. Gewürznelken aus der Tomatensuppe nehmen.

5 Suppe mit einem Stabmixer fein pürieren. Auf Tellern anrichten, mit Paprikastreifen und Schnittlauchröllchen garnieren und rasch servieren.

Tip

Daß man die eher säuerlichen Tomaten mit einer Prise Zucker abrundet, habe ich von einem jungen, italienischen Koch gelernt, aber das war leider auch schon alles, was er mir beibringen konnte.

Erbsensuppe mit Minze

Zutaten für 2 Personen:
(Kalorienarmes Gericht)

150 g frische Erbsen
(oder TK-Erbsen)
3/8 l Gemüsesuppe (oder
Wasser)
1/8 l Kaffeeobers
1 EL Butter
Salz und Pfeffer
etwas Zitronensaft
kleine Minze-Blättchen

1 Erbsen in Butter anschwitzen, mit Suppe und Obers aufgießen und auf kleiner Flamme ca. 5 Minuten köcheln lassen.

2 Minze waschen. Drei bis vier Minze-Blättchen in die Suppe geben, mit dem Stabmixer fein pürieren und mit Salz, Pfeffer und Zitronensaft abschmecken.

3 Die Suppe in Teller verteilen und eventuell mit Minze-Blättchen und geraspelten Möhren garnieren.

Tip

Diese Suppe schmeckt an heißen Tagen auch eiskalt aus dem Kühlschrank.
Erbsen und Minze harmonieren besonders gut! Man kann auch Pignoli darüberstreuen.

Marinierte Parasol-Pilze

1 Stengel von Parasol-Pilzen entfernen. Die flachen Parasol-Teller säubern (möglichst nicht abspülen!).

2 1 Eßlöffel Butter in einer Pfanne erhitzen und Parasol-Pilze darin nacheinander kurz von beiden Seiten anbraten. Salzen, pfeffern und beiseite stellen. Falls die Butter vom ersten Parasol aufgesaugt wird, eventuell noch etwas für den zweiten nachgeben.

3 In der Butterpfanne Balsamico-Essig solange auf kleiner Flamme köcheln (reduzieren), bis er dickflüssig wird. Estragon dazugeben und kurz mitköcheln lassen. Vom Herd nehmen, Olivenöl dazumischen und die Marinade über die Pilze träufeln.

4 Abkühlen lassen und die Pilze etwa zwanzig Minuten in den Kühlschrank stellen. Kalt servieren.

Zutaten für 2 Personen:
(Kalorienarmes Gericht)

2 große Parasol-Pilze (mit großem, flachen Tellerhut)
1 EL Butter
2 EL Olivenöl
4 EL Balsamico-Essig
2 EL Estragon (gehackt)
Salz und Pfeffer

Tip

Man reduziert den Balsamico-Essig, um ihm die Schärfe zu nehmen. Dazu paßt eine Garnitur aus Blattsalaten. Eine sehr originelle, neutrale und sehr kalorienarme Vorspeise. Das Rezept stammt von einer alten Freundin, die sich ihre männlichen Verehrer stets mit solch gefügig machenden „Ouvertüren" einfängt.

Schade, daß man Parasol-Pilze nur sehr schwer auf dem Markt bekommt. Das Schwammerlsuchen wäre ja eine ausgezeichnete Fitneßübung, die das Abnehmen unterstützen würde, aber sie wachsen nun mal nicht auf meinem Balkon.

Sommersalat

Zutaten für 2 Personen:
(Kalorienarmes Gericht)

½ Salatgurke
2 Paradeiser
1 gelber Paprika
2 Jungzwiebeln
50 g Blattsalate
1 Knoblauchzehe
½ Bund Dille
1 Pkg. Mozzarella
(evtl. in Kugeln)
10 schwarze Oliven
Salz und Pfeffer aus
der Mühle
2 EL Olivenöl
Minze-Blättchen
1 unbehandelte Zitrone

1 Blattsalate waschen und abtropfen lassen. Gurke schälen und kleinwürfelig schneiden. Paprika halbieren, von Strünken und Kernen befreien. Paradeiser und Paprika gut waschen und in ca. 1 cm große Würfel schneiden.

2 Jungzwiebeln (helle Teile) in feine Ringe schneiden. Salat in mundgerechte Stücke zerpflücken, grobe Teile eventuell entfernen. Dillzweige und ein paar Minze-Blättchen fein hacken.

3 2 Eßlöffel Zitronensaft mit etwas abgeriebener Zitronenschale, ein wenig Wasser und den Kräutern mischen, mit Salz, Pfeffer, Öl und zerdrücktem Knoblauch würzen.

4 Mozzarella abtropfen lassen und in Stücke schneiden. Salat und Gemüse behutsam mit der Marinade vermischen und mit Mozzarella und Oliven anrichten.

Tip

Eine wahre Flut von gesunden Vitaminen und Spurenelementen. Der Salat erfrischt an heißen Tagen und läßt dralle Hüften schwinden. Mit etwa 300 kcal / 1260 kj pro Portion sind sie „schlank" dabei!

Feldsalat mit Speckwürfeln

Zutaten für 2 Personen:
(Kalorienarmes Gericht)

Ca. 300 g junger Feldsalat
6 dünne Scheiben durch-
wachsener Räucherspeck
2 EL Olivenöl
Salz und Pfeffer aus
der Mühle
3 EL Weinessig
Salatöl
(Olivenöl oder Kürbiskernöl)

1 Salatblätter von Wurzelansätzen befreien, gut waschen, trocken schleudern und in eine Salatschüssel geben.

2 Speckscheiben feinwürfelig schneiden. Das Olivenöl in einer Pfanne erhitzen. Die Speckstücke bei mittlerer Hitze unter ständigem Wenden etwa 4 Minuten knusprig anbraten und aus der Pfanne heben.

3 Salat mit etwas Salz, Weinessig, Salatöl und Pfeffer aus der Mühle abschmecken und den Speck darüberstreuen.

Tip

Man kann auch eine gekochte, noch warme Kartoffel in den Salat schneiden, oder ein Vollkorn-Weckerl mit Butter oder Gervais dazu essen, wodurch dann jedoch das vormals neutrale Gericht den Kohlenhydraten zuzuordnen ist.

Tomaten mit Schafskäse

1 Die Tomaten waschen, den Deckel abschneiden, aushöhlen, innen mit Salz bestreuen und etwas einziehen lassen. Danach umgedreht auf einem Sieb abtropfen lassen.

2 Den flockig zerteilten Schafskäse mit den in feine Scheibchen geschnittenen Oliven, 1 Eßlöffel Olivenöl, der Petersilie und der geschälten und gepreßten Knoblauchzehe und frisch gemahlenem Pfeffer gut vermengen.

3 Den Backofen auf große Hitze vorheizen und die Tomaten mit der Käsemasse füllen. Eine feuerfeste Form mit Butter ausstreichen, die Tomaten hineinsetzen, mit einem Eßlöffel Olivenöl beträufeln und etwa 15 - 20 Minuten backen. Danach mit zarten Basilikum-Blättchen garnieren.

Zutaten für 2 Personen:
(Kalorienarmes Gericht)

2 große Tomaten
(nicht zu weich)
2 EL Olivenöl
100 g Schafskäse
6 kernlose dunkle Oliven
1 Knoblauchzehe
Salz und Pfeffer
1 EL gehackte Petersilie
50 g Butter
kleine Basilikum-Blättchen
zum Garnieren

Tip

Eignet sich bestens als pikante Vorspeise zu Wild oder anderen Fleischgerichten, oder auch als „schlankes" Hauptgericht.

Matjesfilets mit feiner Zwiebelsauce

Zutaten für 2 Personen:
(Kalorienarmes Gericht)

2 doppelte Matjesfilets
1 kleine rote Zwiebel
1 kleiner säuerlicher Apfel
200 g Stangensellerie
⅛ l Sauerrahm
1 EL Mayonnaise
(fettreduziert)
Saft von ½ Zitrone
Salz
weißer oder grüner Pfeffer

1 Zwiebel schälen und kleinwürfelig schneiden. Apfel vierteln, Kerngehäuse entfernen und Fruchtfleisch in kleine Würfel schneiden. Sellerie putzen, schälen und in dünne Scheiben schneiden.

2 Sauerrahm und Mayonnaise gut vermischen, Zwiebel, Apfel und Sellerie dazugeben und mit Salz, Pfeffer und Zitronensaft abschmecken.

3 Matjesfilets mit Küchenkrepp trockentupfen und mit der Zwiebelrahm-Sauce auf Tellern anrichten.

Tip

Auch wenn hier ein säuerlicher Apfel (Eiweißgehalt) dabei ist, darf man diese Speise auf Grund des geringen Anteils als neutral werten, welche einer Eiweiß- oder Kohlenhydrat-Menüfolge vorangehen kann. Essen Sie jedoch Brot oder Kartoffeln dazu, so ergibt sich daraus ein Kohlenhydratgericht, welches auch als Hauptspeise sättigend ist.

In jedem Falle aber hat sich diese Speise als heilkundige Retterin „verkateter Befindlichkeiten" erwiesen.

Salat mit Räucherforellen

Zutaten für 2 Personen:
(Kalorienarmes Gericht)

3 Räucherforellen-Filets
ohne Haut
1 Avocado
2 Mandarinen
(evtl. aus der Dose)
6 schwarze Oliven
1 EL Gartenkresse
⅛ l Joghurt - natur
1 EL Mayonnaise
(fettreduziert)
Saft einer halben Zitrone
1 Stück Chicorée
ca. 50 g Blattsalat
Salz und Pfeffer
1 EL Olivenöl

1 Forellenfilets auf Gräten überprüfen und bei Bedarf mit einer Pinzette herauszupfen.

2 Mandarinen schälen und von Häuten befreien (oder Mandarinenfilets aus der Dose).

3 Joghurt, Mayonnaise und Zitronensaft gut verrühren, salzen und pfeffern.

4 Avocado in der Mitte rundum bis zum Kern einschneiden, die Hälften voneinander abdrehen und abheben. Kern entfernen, Fruchtfleisch herausschälen, in kleine Würfel schneiden und

gleich mit der Joghurtmarinade vermischen. Räucherforellen, Mandarinenfilets und Oliven behutsam untermischen.

5 Chicorée und Blattsalat zerpflücken, waschen und gut abtropfen lassen, mit etwas Zitronensaft und Olivenöl marinieren. Gartenkresse waschen und Blättchen mit einer Schere von den Stielen schneiden.

6 Forellensalat auf Tellern anrichten, mit Blattsalat und Kresse-Blättchen garnieren.

Tip

Man kann anstatt der Räucherforellen auch Räucherlachs verwenden. Beide gelten als neutral (roh geräuchert - nicht gegart) und sind mit Kohlenhydrat- oder Eiweißgerichten kombinierbar.

Sellerie mit Speck und Kräutersauce

Zutaten für 2 Personen:
(Kalorienarmes Gericht)

1 Knolle Sellerie
etwas Zitronensaft
8 Scheiben Räucherspeck
2 EL Öl
1 EL Butter
½ Becher Joghurt – natur
½ Becher Sauerrahm
1 EL Mayonnaise
(fettreduziert)
2 Knoblauchzehen
etwas Zitronensaft
Salz und Pfeffer
½ Bund Schnittlauch
und Petersilie

1. Sellerie schälen und in gleich dicke Scheiben schneiden. Mit Zitronensaft beträufeln und etwa 10 Minuten in Salzwasser bißfest kochen. Abschrecken und gut abtropfen lassen.

2. 1-2 Speckscheiben um jede Selleriescheibe wickeln, mit Zahnstochern befestigen und mit Salz und Pfeffer würzen.

3. Knoblauch schälen und zerdrücken, Kräuter waschen und fein schneiden. Joghurt mit Sauerrahm, Mayonnaise und Knoblauch gut verrühren, salzen und pfeffern. Einen Spritzer Zitronensaft dazugeben und die Kräuter unterheben.

4. In einer Pfanne Öl und Butter erhitzen. Selleriescheiben darin ca. 4 Minuten auf kleiner Flamme beidseitig braten, dabei öfter mit Bratfett übergießen.

5. Sellerie aus der Pfanne heben, gut abtropfen lassen und beispielsweise auf Blattspinat anrichten. Die Kräutersauce in einer Extraschale reichen.

Tip

Dieses Gericht ist als Vorspeise recht originell und appetitanregend.

Spargel mit Orangen-Buttersauce

Zutaten für 2 Personen:

3/4 kg weißer Spargel
Salz
1 Prise Zucker
Cayennepfeffer
2 Eidotter
1 Zitrone (Saft)
1 Orange (Saft und Schale)
150 g Butter

1 Spargel unter dem Kopf beginnend gründlich schälen. Trockene Enden wegschneiden (daraus kann man eine Spargelsuppe bereiten). Orangenschale in dünnen Streifen abheben, kurz in Salzwasser kochen, abseihen, abtropfen lassen.

2 Butter in kleine Stücke schneiden und auf kleiner Flamme erhitzen, bis sich die Molke absetzt. Ein wenig abkühlen lassen und ohne Molkerückstände abseihen. Die geklärte Butter im Wasserbad warmstellen.

3 Salzwasser aufkochen, mit je einer Prise Salz und Zucker würzen. Spargel darin bißfest kochen.

Parallel dazu Dotter mit Orangen- und Zitronensaft verrühren und über Wasserdampf aufschla-
gen, bis sich das Volumen deutlich vergrößert
hat. Masse vom Dampf nehmen, geklärte, warme
Butter nach und nach einrühren. Mit Salz und
Cayennepfeffer würzen.

Spargel aus dem Topf heben, gut abtropfen lassen, mit der Sauce auf vorgewärmten Tellern
anrichten und Orangenstreifen darübergeben.

Tip

*Spargel ist ein sehr gesundes,
leicht entwässerndes und
„figurfreundliches" Gemüse,
das man mit verschiedensten
Beilagen servieren kann. Die
Sauce ist neutral, da keine
ganzen Eier verwendet werden und kann daher auch mit
Kartoffeln genossen werden
(Kohlenhydrate!). Der eher
hohe Fettanteil der Sauce
steht dem guten Vorsatz des
Abnehmens allerdings in der
Sonne.*

*Ich persönlich beschränke
mich meist auf ein wenig
zerlassene, etwas gesalzene
Butter. Dazu gibt es Roh-
schinken oder Räucherlachs,
wenn ich das Gericht als neutrale Vorspeise genieße. Als
Hauptgericht hingegen gibt
es auch 1 - 2 Salzkartoffeln
und grünen Salat dazu
(Kohlenhydratspeise!).*

Spargelnockerln mit Rohschinken

½ kg weißen Spargel (auch
Bruchspargel oder 2. Wahl)
5 Blatt Gelatine
⅛ l Schlagobers
⅛ l Joghurt – natur
Saft einer halben Zitrone
Salz und Pfeffer
1 Prise Kristallzucker
½ EL Butter
¼ kg grünen Spargel
100 g Rohschinken
½ Bund Gartenkresse

Tip

Dazu paßt eine Senfsauce:
1/8 l Sauerrahm mit 1/2 Eß-
löffel Dijon Senf gut ver-
rühren, salzen und pfeffern.
Eventuell mit 1/2 Eßlöffel
gekochten Senfkörnern ver-
mischen.
Diese, durch die lange Kühl-
zeit, doch etwas aufwendige
Vorspeise ist originell genug,
um heikle Gäste ein wenig zu
beeindrucken. Anstelle des
Rohschinkens würde auch
Räucherlachs sehr gut har-
monieren.

1 Weißen Spargel schälen, holzige Enden wegschneiden und in 3 cm lange Stücke schneiden.
Salzwasser mit Butter und einer Prise Zucker
aufkochen und Spargel darin gut weichkochen.
Herausheben, abschrecken und gut abtropfen
lassen.

2 Spargel mit Stabmixer pürieren und durch ein
feines Sieb streichen. Spargelmus mit Joghurt
verrühren, mit Salz, Pfeffer und Zitronensaft
abschmecken.

3 Gelatine in kaltem Wasser einweichen. Das Obers
schlagen und kaltstellen. Etwas von der Spargelmasse über Wasserdampf erwärmen, ausge-
drückte Gelatine darin auflösen und zügig mit
der restlichen Spargelmasse verrühren. Obers
unterheben.

4 Das Spargelmus in ein flaches Gefäß füllen,
glattstreichen, mit Frischhaltefolie abdecken
und im Kühlschrank etwa fünf Stunden festwerden lassen.

5 Für die Garnitur grünen Spargel im unteren
Drittel schälen und im Salzwasser bißfest
kochen. Abseihen, abschrecken und abtropfen
lassen. Die unteren Teile des Spargels in kleine
Stücke schneiden. Kresse-Blättchen von den
Stielen schneiden.

6 Aus dem erkalteten Mus mit einem großen Löffel
Nockerln ausstechen (Löffel immer wieder in
warmes Wasser tauchen). Nockerln auf Teller
setzen, mit Spargel und Schinken anrichten und
mit Kresse-Blättchen garnieren.

Carpaccio mit Champignons und Rucola

Zutaten für 2 Personen:
(Kalorienarmes Gericht)

Ca. 250 g Rindslungenbraten
(nicht sehr abgelegen, mit
noch schöner roter Farbe)
6 Stück große, sehr frische
Champignons
2 EL Olivenöl
1 EL Sherry-Essig
3 EL Rindsuppe
Salz und Pfeffer aus
der Mühle
1 Bund Rucolablätter zum
Garnieren

1 Aus Suppe, Essig und Öl eine Marinade bereiten, mit Salz und Pfeffer würzen.

2 Champignons putzen und in sehr dünne Scheiben schneiden. Rucolablätter verlesen und waschen.

3 Fleisch am besten vom Fleischer von Sehnen und Häuten befreien und in sehr dünne Scheiben schneiden lassen, oder - wenn Sie es selber schneiden wollen - etwa eine Stunde tiefkühlen und im halbgefrorenem Zustand mit einer Wurstschneidemaschine hauchdünn schneiden. Auf gekühlten Tellern anrichten.

4 2/3 der Marinade gleichmäßig über das Fleisch verteilen (am besten mit dem Löffelrücken). Champignons und Rucolablätter dekorativ über das Fleisch geben und mit der restlichen Marinade beträufeln. Eventuell noch ein wenig nachwürzen.

Tip

Dies ist eine äußerst „schlanke" Vorspeise, die mit allen anderen Gerichten kombiniert werden kann, da rohes Fleisch zu den neutralen Nährstoffen zählt. Essen Sie dazu Weißbrot, so sollten Sie jedoch mit Kohlenhydraten weitermachen.
Als Variante kann man auch etwas gehobelten Parmesan darüber geben, wobei das Carpaccio bei geringer Menge immer noch als neutral zu betrachten ist.

Wenn ich ein echtes Erfolgserlebnis auf der Waage brauche, so genieße ich diese Köstlichkeit als Hauptgericht und gönne mir ein Glas trockenen Weißwein dazu ... oder doch zwei?

Gegrillte Steinpilze

1 Steinpilze putzen, nur ganz kurz unter fließendes Wasser halten (wenn nötig) und der
Länge nach in große, feine Scheiben schneiden.
Knoblauch schälen und zerdrücken, Zucchino
und Melanzane in dünne Scheiben schneiden.

2 Eine Marinade aus 2 Eßlöffel Olivenöl, Essig, Salz,
Pfeffer und gepreßter Knoblauchzehe bereiten.

3 Steinpilze und Gemüsescheiben damit bestreichen und auf den Grillrost (am besten
Holzkohlengrill) legen. Währenddessen immer
wieder mit Olivenöl bepinseln, bis das Gemüse
gar ist und die Pilze Farbe angenommen haben
(etwa 7 - 10 Minuten).

4 Die Pilze auf vorgewärmten Tellern anrichten,
Gemüse beigeben und mit kleingehackter Petersilie bestreuen.

Zutaten für 2 Personen:
(Kalorienarmes Gericht)

¼ kg große, feste Steinpilze
3 EL Olivenöl
1 EL Balsamico-Essig
Salz und Pfeffer
1 Knoblauchzehe
1 Zucchino
1 kleine Melanzane
1 EL Petersilie

Tip

Als Vorspeisen-Variante kann man die Steinpilzscheiben auch roh genießen (Steinpilz-Carpaccio), indem man sie in etwas mehr Marinade etwa ein bis zwei Stunden im Kühlschrank ziehen läßt. Danach gut abtropfen lassen und mit marinierten Blattsalaten garnieren.

Es sollten zu diesem sehr figurfreundlichen Gericht nur einwandfreie, frische Pilze ohne „Eiweiß-Tierchen" verwendet werden.

Gemüseauflauf

Zutaten für 4 Personen:
(Kalorienarmes Gericht)

1 Kohlrabi
2 Karotten
1 Brokkoli-Rose
100 g Erbsenschoten
50 g Sojasprossen
1/8 l Gemüsesuppe
(auch Instant)
1/16 l Schlagobers
1 EL Crème fraîche
2 Dotter
Salz und Pfeffer
Muskatnuß
Zitronensaft
2 EL Butter

1 Eine Auflaufform mit 1 Eßlöffel weicher Butter ausstreichen. Kohlrabi und Karotten schälen. Möhren in Scheiben, Kohlrabi in Stifte schneiden. Brokkoli putzen und in kleine Röschen teilen. Backrohr auf Grillstellung vorheizen.

2 Erbsenschoten und Sojasprossen putzen und separat in Salzwasser bißfest kochen. Abseihen, abschrecken und abtropfen lassen.

3 Suppe, Obers, Crème fraîche und Dotter gut verquirlen, mit Salz, Pfeffer, etwas Zitronensaft und geriebener Muskatnuß abschmecken.

4 Gemüse in aufgeschäumter Butter erwärmen, in die Auflaufform schichten und mit der Sauce gleichmäßig übergießen. Gemüse im vorgeheizten Rohr überbacken, bis es gar ist.

Tip

Es ist üblich, Auflaufsaucen mit Mehl (Kohlenhydrate) zu binden. Um eine neutrale Vorspeise oder Beilage zu erhalten, verwendet man Crème fraîche, was ebenso gut schmeckt. Das Gemüse ist nach Angeboten der Saison austauschbar. Dieser Auflauf wird auch der „Linie" mit etwa 350 kcal/ 1450 kj nicht schaden.

Möchten Sie dieses Gericht als Hauptspeise genießen, so kann man die Sauce wahlweise auch mit Mehl binden und ein Vollkorn-Weckerl dazu essen, wobei es dann jedoch den Kohlenhydraten zuzuordnen wäre.

Gemüse-Eintopf

Zutaten für 2 Personen:
(Kalorienarmes Gericht)

**Ca. ½ kg frisches, gemischtes
Saisongemüse (z.B. Wurzelgemüse, Brokkoli, Erbsen,
Tomaten, Champignons,
Lauch, Spinatblätter etc.)
1 Zwiebel
2 Zehen Knoblauch
¼ l klare Gemüsesuppe
(auch Instant)
1 Bund Kräuter (Petersilie,
Liebstöckel, Basilikum)
1 Lorbeerblatt
Salz und Pfeffer
Muskatnuß
1 EL Olivenöl**

1 Gemüse putzen, waschen, eventuell schälen und in mundgerechte Stücke zerkleinern (je nach Gemüseart kochfertig vorbereiten). Kräuter waschen, gut abtropfen lassen und fein hacken.

2 Zwiebel und Knoblauch fein hacken und in Olivenöl unter ständigem Rühren goldgelb braten.

3 Suppe zugießen, aufkochen und mit Lorbeerblatt, gehacktem Liebstöckel und 1 Prise geriebener Muskatnuß würzen.

4. Zuerst Wurzelgemüse dazugeben und auf kleiner Flamme etwa 7 Minuten kochen, danach andere Gemüsesorten weitere 5 Minuten mitkochen (Paradeiser und Spinatblätter zuletzt nur 2 Minuten mitköcheln lassen).

5. Gemüse-Eintopf mit Salz und Pfeffer abschmecken, vom Feuer nehmen, Lorbeerblatt entfernen, mit den restlichen Kräutern vermischen und heiß in Suppentellern servieren.

Tip

Der Eintopf bleibt auch dann neutral, wenn Sie ein klein wenig geriebenen Parmesan darübergeben. Um die gesunden Vitamine und Nährstoffe zu erhalten, sollte man das Gemüse keinesfalls „tot kochen"! Es schmeckt ohnehin besser, wenn es noch etwas Biß hat.

Mit solcherlei Gerichten kann man sich regelrecht schlank essen, daher dürfen Sie auch ruhig 2 Teller davon genießen! Gedämpftes Gemüse belastet den Organismus nicht und ist daher als Abendmahlzeit ideal.

Kohlrabigratin

Zutaten für 2 Personen:
(Kalorienarmes Gericht)

400 g junge Kohlrabi
80 g Edelpilzkäse
(Gorgonzola, Österkron,
Roquefort)
½ Becher Joghurt
2 EL Schlagrahm
2 Dotter
Salz und Pfeffer
1 TL Butter
1 EL Petersilie (gehackt)

1 Backrohr auf 180 Grad C vorheizen. Kohlrabi schälen und mit Gurkenhobel in dünne Scheiben schneiden.

2 Käse in kleine Stücke schneiden. Joghurt mit Rahm und Eidottern verrühren und mit Salz und Pfeffer abschmecken.

3 Eine flache Auflaufform mit weicher Butter ausstreichen und Kohlrabi fächerartig einschichten. Mit Joghurtsauce übergießen, Käsestückchen darauf verteilen und im vorgeheizten Rohr ca. 20 Minuten gratinieren. Mit feingehackter Petersilie garnieren und servieren.

Tip

Ein sehr kalorienarmes (etwa 200 kcal pro Portion) und doch sehr sättigendes Gericht, welches als Hauptspeise ohne weitere Beilage sein Auslangen findet. Blattsalate aber passen auch hierzu. Statt Kohlrabi kann man auch Brokkoli oder Kohlsprossen verwenden, doch sollte man Gemüse mit stärkerer Konsistenz in etwas Salzwasser vorkochen.

Extratip: Gemüsesorten behalten beim Dünsten ihre frischen Farben, wenn man eine Messerspitze Natron ins wallende Wasser gibt.

Bohnen-Speckröllchen

1 Fisolen putzen und in Salzwasser bißfest kochen, abseihen, abschrecken und gut abtropfen lassen. Salzen, pfeffern.

2 Speckscheiben auflegen. Jeweils 6 - 8 Fisolen mit einer Speckscheibe straff umwickeln, sodaß Bündel entstehen.

3 Butter und Öl in einer Pfanne erhitzen und Fisolenbündel darin auf kleiner Flamme braten. Mehrmals wenden, damit der Speck rundherum knusprig wird.

4 Speckfisolen herausgeben, gut abtropfen lassen und auf angewärmten Tellern anrichten.

Zutaten für 2 Personen:
(Kalorienarmes Gericht)

Ca. 300 g Fisolen
6 dünne Scheiben Räucher-
Speck
½ EL Öl
½ EL Butter
Salz und Pfeffer

Tip

Die Speckfisolen kann man als kalorienarmes Hauptgericht eventuell mit Salzkartoffeln (Kohlenhydrate) genießen, oder als neutrale Beilage zu Wild, Lamm oder Gegrilltem.

Sehr gerne esse ich die frischen, grünen Bohnen aus Mama´s Garten auch mit Butterbröseln abgeschmalzen (Kohlenhydrate), wobei ich 1 EL Butter in einer Pfanne aufschäume, 1 EL Brösel darin hell anröste und über die gedünsteten, mit Salz und Pfeffer gewürzten Fisolen verteile. Auch als Salat mit Knoblauch, Zwiebel, Essig und Kernöl bieten die grünen Bohnen eine willkommene Beilage zu Fleischgerichten.

Gefüllter Brie

Zutaten für 2 Personen:

1 Stück Brie
(abgepackt ca. 125 g)
1 Birne
1 EL gehackte Petersilie
1 EL Birnenbrand
Cayenne-Pfeffer
Salat zum Garnieren

1 Backrohr auf 220 Grad C vorheizen, Backblech mit Backpapier belegen.

2 Birne schälen, der Länge nach halbieren und Kerngehäuse ausstechen. Birnenhälften in ½ cm dicke Scheiben schneiden, mit Birnenbrand beträufeln und beiseite legen.

3 Kalten Brie mit einem scharfen Messer in der Mitte horizontal teilen, danach in Streifen schneiden. Die Hälfte der Briestreifen mit Birnenscheiben belegen, mit Petersilie bestreuen und mit Cayenne-Pfeffer (oder Pfeffer aus der Mühle) würzen. Die restlichen Briestreifen darauflegen und behutsam andrücken.

4 Die Stücke auf das Blech setzen und im vorgeheizten Rohr (mittlere Schiene) ca. 5 Minuten backen. Mit marinierter Salatgarnitur auf Tellern anrichten und rasch servieren.

Tip

Da der Brie mehr als 50 % Fettanteil hat, gilt er als neutrales, wenn auch nicht sehr kalorienarmes Dessert. Nach einer (möglichst fettarmen) Kohlenhydrat-Hauptspeise kann man auch ein Vollkorn-Weckerl dazu essen. Dazu paßt ein Glas trockener Rotwein.

Melanzane mit Raclette

Zutaten für 2 Personen:

1 kleine Melanzane
200 g Raclette-Käse
(50 % Fett i. Tr.)
2 EL Olivenöl
1 EL Butter
etwas Schnittlauch
1 Knoblauchzehe
Salz und Pfeffer
Salatgarnitur
Essig und Öl für die
Marinade

1 Backrohr auf 180 Grad C vorheizen. Melanzane waschen, Strunkansatz entfernen und in fingerdicke Scheiben schneiden. Beide Seiten salzen, auf einer Platte auflegen und etwa eine halbe Stunde ruhen lassen, bis Flüssigkeit ausgetreten ist.

2 Knoblauch schälen und fein zerdrücken. Schnittlauch waschen und fein schneiden. Raclette-Käse in dünne Scheiben schneiden.

3 Melanzanescheiben gut abtrocknen. Auflaufform mit Butter ausstreichen. Melanzanescheiben mit Olivenöl bepinseln, pfeffern, mit Knoblauch einreiben und in die Form legen. Im vorgeheizten Backrohr etwa 15 Minuten braten, bis sie Farbe angenommen haben - zwischendurch einmal wenden.

4 Raclettescheiben über die gebratenen Melanzane legen und etwa fünf Minutetn überbacken, bis der Käse geschmolzen ist.

5 Auf marinierter Salatgarnitur anrichten (Blattsalate oder Tomatenscheiben), Schnittlauch darüber streuen und sofort servieren!

Tip

Da Melanzane in einer Pfanne das Fett in Sekunden aufsaugen würden, überlistet man sie als kalorienbewußte Genießer, indem man sie gleich mit der Auflaufform ins Backrohr gibt.

Auch Karfiolröschen harmonieren sehr gut mit Raclette-Käse. Diese werden vor dem Gratinieren im Backrohr in wenig Salzwasser bißfest gekocht.

Kohlenhydrat-Gerichte

Schwammerlreis

Zutaten für 2 Personen:
(Kalorienarmes Gericht)

150 g Pilze (Eierschwammerl,
Steinpilze oder Austernpilze)
½ Bund Petersilie
½ Bund Schnittlauch
1 Zwiebel
1 Tasse Langkorn-Reis
2 Tassen klare Gemüsesuppe
(evtl. Instant oder Wasser)
3 EL Weißwein
2 EL Butter
1 EL Öl
Salz und Pfeffer
2 Gewürznelken

1 Zwiebel schälen und halbieren. Eine Hälfte weglegen, in die andere Hälfte 2 Gewürznelken hineinstecken. Reis und Zwiebel in 1 Eßlöffel Butter anschwitzen, mit Gemüsesuppe aufgießen, salzen, zudecken und auf kleiner Flamme ca. 25 Minuten weichdünsten.

2 Inzwischen Pilze putzen (bei Bedarf nur kurz unter fließendes Wasser halten) und klein schneiden. Die zweite Zwiebelhälfte klein schneiden, Petersilie und Schnittlauch fein hacken.

Je 1 Eßlöffel Öl und Butter erhitzen, Zwiebel anschwitzen, Pilze und Petersilie dazugeben, kurz
durchrösten und mit Wein ablöschen. Weiterköcheln lassen, bis die Flüssigkeit fast zur Gänze
verdampft ist.

Zwiebel aus dem fertigen Reis heben. Schnittlauch über die Pilze streuen und den Reis darun-
terheben.

Tip

*Dazu passen gemischte Blatt-
salate oder Wirsingsalat.
Recht appetitlich sieht das
Gericht aus, wenn man unter
den Langkornreis auch etwas
Wilden Reis mischt, doch
braucht dieser etwas länger,
bis er gar ist. Der Reis ist ent-
wässernd und hat wenig
Kalorien, da nur wenig Fett
dabei ist.*

Werger's Schwarzbrottoast

Zutaten für 2 Personen:

4 Scheiben gutes, saftiges
Schwarzbrot
4 dünne Scheiben roh
geräucherter, leicht durch-
wachsener Speck
4 Scheiben Raclette Käse
(oder Butterkäse mit 50%
Fett i. Tr.)
1 EL Butter
1 EL Öl
Salz
Cayennepfeffer
2 Pepperonischoten
(auch eingelegte)
1 Essiggurkerl
1 kleine Zwiebel
1 Tomate (Garnitur)

1 Brotscheiben auf einer Seite (außen) dünn mit Butter bestreichen. Pepperonischoten und Gurkerl in feine Scheiben, Zwiebel in feine Ringe schneiden. Speck kurz in Öl anbraten.

2 Die Brotscheiben mit je zwei Scheiben Speck und 2 Scheiben Raclette belegen, kleingeschnittene Pepperoni und Gurkerl darüber verteilen und Zwiebelringe darüberlegen.

3 Salzen und pfeffern. Brotscheibe mit der Butterseite nach außen darüber legen und bei nicht zu starker Hitze langsam toasten, bis der Käse geschmolzen, und das Brot knusprig ist.

4 Den Toast herausnehmen und quer in drei gleich große Teile schneiden. Auf erwärmten Tellern anrichten und mit gesalzenen Tomatenschiffchen garnieren.

Tip

Wer es nicht so scharf mag, verwendet statt der Pepperoni grüne oder rote Paprikastreifen, und statt Cayenne schwarzen Pfeffer. Dieser Toast ist sehr sättigend und daher auch als Hauptmahlzeit ausreichend.

Wer diesen Toast nicht selber zubereiten möchte, komme einfach in mein Cafe - Pub nach Graz (Werger's) , wo Sie ihn von meiner Schwester mit Liebe serviert bekommen!

Tatarebrötchen

1 Jungzwiebeln schälen und kleinwürfelig schneiden. Kapern und Essiggurke feinhacken.

2 Zwiebeln, Kapern, Gurke und Kräuter mit Dotter verrühren und mit Salz, Pfeffer, Cayennepfeffer, Senf, 1 Schuß Weinbrand, Worcester-Sauce und ein paar Tropfen Tabasco würzen. Alles mit dem Fleisch gut vermischen.

3 Baguette in 8 fingerdicke Scheiben schneiden und hell toasten. Die Scheiben dünn mit weicher Butter bestreichen, mit einem Salatblatt belegen, Beef Tatare über das Weißbrot verteilen und mit Zwiebelringen garnieren.

Zutaten für 8 Stück:
(Kalorienarmes Gericht)

150 g faschierter Rindslungenbraten
2 Jungzwiebeln
3 Kapern
1 Essiggurke
1 EL gemischte Kräuter
(Petersilie, Schnittlauch)
1 Dotter
1 Baguette
Salz und Pfeffer
½ TL Dijon Senf
Worcester-Sauce
Weinbrand
Tabasco
Cayennepfeffer
Butter zum Bestreichen

Tip

Der Rindslungenbraten sollte nicht zu sehr abgelegen sein und noch eine schöne, rote Farbe haben.

Da das Fleisch roh bleibt, ist es den neutralen Nahrungsmitteln zuzuordnen und darf daher mit Brot genossen werden. Es eignet sich recht gut als Vorspeise zu Kohlenhydratgerichten oder als Zwischenmahlzeit. Wer dringend ein Erfolgserlebnis auf der Waage braucht, möge die Butter auf dem Toast weglassen und sich mit drei Tatare-Brötchen als „schlanke" Hauptmahlzeit begnügen. Vorweg wäre in diesem Falle eine klare Gemüsesuppe passend.

Und nachher ... Liebe!

Nudelpfanne

Zutaten für 2 Personen:

150 g Nudeln, z. B. Spiralen
(aus 100 % Hartweizengrieß)
½ Stange Lauch
1 roter Paprika
150 g Eierschwammerl
(oder andere Pilze)
1 kleine Zwiebel
1 Knoblauchzehe
2 EL Olivenöl
2 EL Mascarpone
(italienischer Frischkäse
oder Crème fraîche)
½ EL mittelscharfer Senf
¼ l Gemüsesuppe
(oder Instant)
Salz und Pfeffer
1 Prise Muskat
½ TL Paprikapulver (edelsüß)
1 EL gehackte Kräuter
(Petersilie, Liebstöckel,
Schnittlauch)
etwas geriebenen Parmesan

1 Lauch, Paprika und Pilze säubern und kleinschneiden, Zwiebel und Knoblauch schälen und feinhacken.

2 Nudeln nach Packungsangabe in kochendem Salzwasser al dente garen.

3 Zwiebel und Knoblauch in erhitztem Olivenöl anrösten, Lauch, Paprika, Pilze, Petersilie und Liebstöckel beigeben und kurz mitrösten. Mit wenig Gemüsesuppe oder Wasser aufgießen, mit Salz, Pfeffer und Muskat würzen und bißfest dünsten.

4 Mascarpone mit etwas Gemüsesuppe, Senf und Paprikapulver verrühren und erhitzen.

5 Nudeln abseihen (nicht mit kaltem Wasser abschrecken!) und sofort mit dem Gemüse vermengen. Die Mascarpone-Sauce darübergießen, feingeschnittene Schnittlauchröllchen und geriebenen Parmesan darüber streuen und servieren.

Tip

Dazu passen Blattsalate.
Sie können dazu natürlich beliebiges Saisongemüse verwenden, das man - wenn man´s etwas einfacher haben möchte - einfach nur in wenig Wasser bißfest dünstet, in etwas heißer Butter schwenkt und mit Kräutern unter die Nudeln mischt. Auf den Parmesan kann man auch verzichten, jedoch ist er in geringer Menge kein wahres Trennkost-Vergehen.

Erdäpfelnudeln mit Räucherlachs

Zutaten für 2 Personen:

¼ kg mehlige Erdäpfel
100 g glattes Mehl
1 EL Weizengrieß
1 Dotter
Salz und Pfeffer
Muskat
2 EL Butter
2 EL Semmelbrösel
1 EL Öl
⅛ l Sauerrahm
1 EL frische Kräuter
2 EL Kaviar
150 g Räucherlachs
Salat zum Garnieren

1 Erdäpfel in der Schale weich kochen, abseihen, schälen und durch die Erdäpfelpresse drücken. In die Erdäpfelmasse Mehl, Dotter, Grieß, eine Prise Salz und Muskat dazugeben und zu einem glatten Teig verarbeiten.

2 Einen Topf mit Salzwasser zustellen. Den Teig halbieren, auf einer bemehlten Fläche zu 1 cm dicken Stangen rollen und diese in ½ cm dicke Scheiben schneiden. Die Teigscheiben mit der flachen Hand auf der bemehlten Arbeitsfläche zu kurzen, dicken Nudeln wuzeln.

3 Nudeln in kochendes Wasser legen und den Topf etwas zudecken. Nudeln bei reduzierter Hitze ca. 7 Minuten ziehen lassen, mit einem Siebschöpfer herausnehmen, kurz mit kaltem Wasser abschrecken und auf Küchenkrepp gut abtropfen lassen.

4 In einer Pfanne Butter und 1 Eßlöffel Öl erhitzen und die Nudeln unter vorsichtigem Schwenken goldgelb backen. Nudeln herausnehmen und auf Küchenpapier abtropfen lassen.

5 Restliche Butter in die Pfanne geben und Semmelbrösel darin leicht anrösten. Die Erdäpfelnudeln darin wälzen, herausnehmen und auf den Tellern anrichten.

6 Sauerrahm mit etwas Salz und Pfeffer abschmecken, frische Kräuter und den Kaviar unterheben.

7 Lachs und Kaviarsauce dekorativ neben den Erdäpfelnudeln verteilen und mit Blattsalaten garnieren.

Tip

Die Erdäpfelnudeln schmecken auch mit Rotkraut vorzüglich. Wenn man mit den Semmelbröseln auch einen Eßlöffel Kristallzucker mitröstet, so kann man dieses Gericht auch als Dessert mit etwas Zwetschkenröster oder künstlich gesüßtem Kompott genießen. Das Fruchteiweiß gegarter Früchte ist für die Trennkost unerheblich.

Penne mit Spargelspitzen

Zutaten für 2 Personen:
(Kalorienarmes Gericht)

3 Stangen weißer Spargel
3 Stangen grüner Spargel
100 g Penne rigate aus
100% Hartweizengrieß
(oder andere italienische
Teigwaren)
1 gelbe Rübe
1 Möhre
6 – 8 Erbsenschoten
½ Becher Crème fraîche
½ Bund Basilikum
Salz und Pfeffer
Muskat

1 Spargel schälen, holzige Enden großzügig wegschneiden. Wasser aufkochen, salzen und eine Prise Zucker beigeben.

2 Zuerst weißen, dann grünen Spargel darin bißfest kochen, herausheben, kalt abschrecken und abtropfen lassen. Ca. ⅛ l Spargelkochwasser wird für die Sauce benötigt.

3 Rübe und Karotte putzen, schälen und in dünne Scheiben schneiden. Die Erbsenschoten putzen und je nach Größe quer halbieren oder dritteln. Gemüse in Salzwasser bißfest kochen, abseihen, abschrecken und abtropfen lassen.

4 Penne in Salzwasser al dente (bißfest) kochen, abseihen und abtropfen lassen. Basilikum waschen und in feine Streifen schneiden.

5 ⅛ l Spargelkochwasser mit Crème fraîche verrühren und kurz köcheln lassen. Mit Salz, Pfeffer
und etwas abgeriebener Muskatnuß würzen und
Basilikum untermischen.

6 Vom Spargel nur die oberen Spitzen und zarten
Stücke verwenden (aus den Resten und dem
restlichen Spargelkochwasser kann man unter
Beigabe von etwas Rahm eine Suppe zubereiten,
die mit dem Stabmixer püriert wird).

7 Spargelspitzen, gelbe Rübe, Möhre und Erbsenschoten mit der Sauce und den Teigwaren vorsichtig vermischen und aufwärmen. Auf vorgewärmten Tellern anrichten.

Tip

Vermeiden Sie bitte Teigwaren mit Eiern, wie sie hierzulande üblich sind. Sie lassen sich mit Trennkost nicht vereinbaren. Es empfiehlt sich stets, die Packungsangaben zu lesen (die italienische Bezeichnung „di semola di grano duro" heißt soviel wie: „zur Gänze aus Hartweizen").

Kräuter-Risotto

Zutaten für 2 Personen:

1 Bund gemischte Kräuter
(Petersilie, Kerbel, Majoran,
Thymian, Basilikum, Oregano)
1 - 2 Jungzwiebeln
150 g Risotto-Reis
(italienischer Rundkorn)
2 EL Weißwein
½ l Suppe
(Gemüsesuppe oder Instant)
6 Scheiben Parmaschinken
Salz und Pfeffer
2 EL Olivenöl
1 EL Butter
1 EL Parmesan (gerieben)

1 Kräuter waschen, Blättchen abzupfen und fein hacken. Jungzwiebeln putzen und die hellen Teile in feine Ringe schneiden.

2 Die Jungzwiebeln in einem Topf mit erhitztem Öl anschwitzen, Reis dazugeben und mitrösten, bis er glasig ist. Mit Wein ablöschen, ⅛ l Suppe aufgießen und unter ständigem Rühren auf kleiner Flamme köcheln.

3 Sobald die Flüssigkeit verdampft ist, wieder etwa 1/8 l Suppe dazugeben und den Reis unter ständigem Rühren weiterköcheln lassen. Diesen Vorgang mit der restlichen Suppe wiederholen, bis der Reis gar ist und eine cremige Substanz hat - insgesamt dauert dies etwa 20 Minuten.

4 Risotto salzen, pfeffern, mit gehackten Kräutern, Parmesan und einem Eßlöffel Butter vermischen, zudecken und noch ein wenig am Herdrand ziehen lassen.

5 Risotto auf Tellern verteilen und mit Schinken belegen.

Tip

Dazu paßt grüner Salat.
Da Parmesankäse dem erforderlichen Fettgehalt für neutrale Nahrungsmittel zumindest sehr nahe kommt, darf er in dieser kleinen Menge (1/2 EL pro Person) ausnahmsweise auch zu Reis genossen werden (dies gilt auch für Spaghettigerichte).
Wer es jedoch ganz genau nehmen möchte, der verzichte auf den Käse.

Es gibt unzählige Risotto-Varianten, die Ihrer Fantasie keine Grenzen setzen. Beispielsweise mit gerösteten Steinpilzen, Spargelspitzen, Morcheln, Tomaten oder Safran. - Buon Appetito!

Bandnudeln mit Basilikumbutter

Zutaten für 2 Personen:

**150 g Bandnudeln (italieni-
sches Hartweizen-Produkt)
2 EL Butter
1 EL weißer Edelpilzkäse
(50% Fett in Tr., z.B. Weißer
Castello)
1 EL Schlagrahm
1 Bund frisches Basilikum
Salz und weißer Pfeffer
aus der Mühle
(notfalls tut's auch schwarzer)**

1 Nudeln in reichlich Salzwasser bißfest (al dente) kochen.

2 Währenddessen Basilikum kurz abspülen, abtropfen, Blätter von den Stielen zupfen und große Blätter nicht allzu klein schneiden. Kleine Blätter im Ganzen lassen. Käse in kleine Würfel schneiden.

3 Butter und Käse in einer Pfanne schmelzen lassen, Schlagrahm dazugeben und etwa zwei Minuten bei kleiner Flamme köcheln lassen. Salzen, pfeffern und zuletzt Basilikum ganz kurz in der Buttermasse schwenken.

4 Nudeln abseihen (nicht abschrecken), gut abtropfen lassen und in der Pfanne mit der Basilikumbutter gut vermischen. Auf vorgewärmten Tellern anrichten.

Tip

Dazu passen Blattsalate mit italienischem Kräuterdressing.

Dieses einfache Gericht zählt zu meinen absoluten Leibspeisen. Zudem ist es schnell gemacht und nicht sehr kalorienreich. Zwei Teller würde ich davon allerdings nicht essen, auch wenn ich noch so gerne möchte. Danach habe ich meist kreative Ideen für ein „lebendiges Dessert."

Extratip: Nudeln, die man sofort serviert, sollte man nicht kalt abschrecken, wenn sie mit Sauce gereicht werden, da sie diese dann besser annehmen.

Erdäpfelgulasch

Erdäpfel waschen, schälen, halbieren und in Scheiben oder grobe Würfel schneiden. Zwiebel und Knoblauch schälen und klein schneiden.

Öl und Butterschmalz in einer großen Bratpfanne erhitzen, Zwiebel und Knoblauch hell anrösten, Kartoffeln dazugeben und unter ständigem Rühren mitrösten lassen, bis sie Farbe annehmen. Salz, Pfeffer, Kümmel und 1 zerdrücktes Lorbeerblatt dazugeben, Paprika darüberstreuen, kurz umrühren und gleich mit Suppe aufgießen (Paprika darf nicht zu lange erhitzt werden, da er sonst bitter wird). Kurz aufkochen. Bei reduzierter Hitze solange weiterköcheln, bis die Kartoffeln weich sind, aber noch ein wenig Biß haben.

Knoblauchwurst und Essiggurkerl in feine Scheibchen schneiden und zu den Erdäpfeln geben. Sauerrahm mit Mehl und etwas Saft glatt rühren und in das Gulasch geben. Gut umrühren und ganz kurz aufkochen lassen.

Zutaten für 4 Personen:

½ kg mehlige Erdäpfel
½ kg Zwiebel
2 EL Butterschmalz
2 EL Öl
1 EL Paprikapulver (edelsüß)
100 g roh geräucherte Knoblauchwurst
½ l Suppe (Würfel)
2 Knoblauchzehen
1 Lorbeerblatt
1 TL Kümmel
Salz, Pfeffer
3 mittelgroße Essiggurkerl
1 EL Sauerrahm
½ EL Mehl

Tip

Die bei uns übliche Wurst (Braunschweiger) im Erdäpfelgulasch wäre nicht trennkostgerecht. Man könnte auch Salami oder etwas Speck anstatt der Knoblauchwurst verwenden. Auch ohne Wursteinlage schmeckt dieses Gericht vorzüglich.

Gemüse-Laibchen

Zutaten für 2 Personen:
(Kalorienarmes Gericht)

¼ kg mehlige Erdäpfel
300 g Mischgemüse
1 Dotter
½ Bund Kräuter
(Petersilie, etwas Liebstöckl)
1 EL Stärkemehl
1 EL Maisgrieß (Polenta)
Salz und Pfeffer
Muskatnuß
1 Knoblauchzehe
1 EL Öl
1 EL Butter

1 Erdäpfel waschen und in Salzwasser (nicht zu weich) kochen. Mischgemüse (z.B. Erbsen, Möhren, grüne Bohnen, Lauch usw.) putzen, waschen und je nach Gemüseart in kleine Würfel oder Ringe schneiden. Knoblauch schälen und zerkleinern, Kräuter hacken.

2 Gemüse in etwas Salzwasser kurz dünsten und auf einem Sieb abtropfen lassen. Erdäpfel schälen und durch eine Erdäpfelpresse drücken. Gemüse, Kräuter, Dotter, Stärkemehl und Maisgrieß dazugeben. Mit Salz, Pfeffer, etwas geriebener Muskatnuß und Knoblauch würzen. Alles gut vermischen und etwa eine halbe Stunde rasten lassen.

3 Aus der Masse gleich große Laibchen formen. Öl und Butter in einer Pfanne erhitzen und die Laibchen darin beidseitig goldbraun braten. Öfter mit Bratfett übergießen. Laibchen gut abtropfen lassen und entweder auf marinierten Salatblättern oder mit einer Schnittlauch- oder Paprikasauce servieren. Eventuell mit feinen Gemüsestreifen garnieren.

Tip

Die Gemüse-Laibchen fallen nicht sehr ins „Gewicht" und geben eine köstliche Vorspeise oder Hauptmahlzeit ab.

Strudel mit Kohlsprossen und Speck

Zutaten für 2 Personen:

1 Pkg. TK-Strudelteig
ca. 400 g Kohlsprossen
50 g Räucherspeck
3 EL Butter
50 g Semmelbrösel
1 EL Petersilie
2 Zehen Knoblauch
Salz und Pfeffer
Kümmel
1 EL Öl

1 Kohlsprossen putzen, Strünke kreuzweise einschneiden. Größere Stücke halbieren. Kohlsprossen in gesalzenem Wasser bißfest kochen, abseihen, abschrecken und abtropfen lassen.

2 Speck würfelig schneiden und in etwas Öl anschwitzen. 1 Eßlöffel Butter bis zum Aufschäumen erhitzen, Semmelbrösel darin hell rösten, auf einen Teller leeren und abkühlen lassen.

3 Backrohr auf 180 Grad C vorheizen. Backblech mit Backpapier belegen. Kohlsprossen mit Salz, Pfeffer, Kümmel und zerdrücktem Knoblauch würzen. Speck, Bröseln und Petersilie dazugeben.

Strudelblatt auf einem feuchten Tuch auslegen und mit 1/2 Eßlöffel zerlassener Butter bestreichen. Zweites Strudelblatt darüber legen und ebenfalls mit einem 1/2 Eßlöffel Butter bestreichen. Die Fülle am unteren Teigdrittel auftragen, seitliche Ränder einschlagen und von unten nach oben über die Fülle aufrollen. Strudel auf das Backblech setzen.

Strudel mit 1 Eßlöffel zerlassener Butter bestreichen und ca. 30 Minuten backen. Vor dem Anrichten ein wenig rasten lassen.

Tip

Servieren Sie dazu eine Paprikasauce:
1 kleinen roten Paprika putzen und kleinschneiden, 1/2 Zwiebel schälen, feinhacken und in 1 Eßlöffel Butter anschwitzen. Paprikawürfel zugeben und mitrösten. Mit 1/8 l Wasser oder Gemüsebrühe aufgießen und 3 Eßlöffel Schlagobers darunter rühren. Kochen, bis die Paprikastücke weich sind. Mit einem Stabmixer pürieren und mit Salz und Pfeffer abschmecken.

Kohlstrudel mit Mangold

Zutaten für 4 Personen:
(Kalorienarmes Gericht)

1 Pkg. TK-Strudelteig
3/4 kg Kohl
1/2 kg Mangold
1/4 l Sauerrahm
2 Zehen Knoblauch
2 EL glattes Mehl
2 Dotter
1 EL gehackte Kräuter
2 EL Butter
Salz und Pfeffer

1 Vom Kohl die Blätter einzeln ablösen und die harten Strünke ausschneiden. In Salzwasser weichkochen. Mangold putzen und nur kurz überkochen. Kohl und Mangold in kaltem Wasser abschrecken, etwas ausdrücken und auf Küchenkrepp abtropfen lassen.

2 Sauerrahm mit Salz, Pfeffer und zerdrücktem Knoblauch würzen. Mehl, Dotter und Kräuter untermischen.

3 Backrohr auf 180 Grad C vorheizen. Backblech mit Backpapier belegen. Ein Strudelblatt auf ein feuchtes Tuch auflegen und mit zerlassener Butter bepinseln. Zweites Strudelblatt darüber legen und ebenfalls mit Butter bestreichen.

4 Teig abwechselnd mit Kohl und Mangold belegen, jede Schicht mit etwas Sauerrahmmasse bestreichen. Teigränder einschlagen und den Teig mit Hilfe des Tuches von unten nach oben straff einrollen.

5 Strudel auf das Backblech setzen, mit geschmolzener Butter bestreichen, und im vorgeheizten Rohr auf mittlerer Schiene ca. 1/2 Stunde backen.

Tip

Dazu paßt eine Paprikasauce, die man eventuell extra in einer Schale reicht.

Polenta-Auflauf

Zutaten für 2 Personen:
(Kalorienarmes Gericht)

1 rote Paprikaschote
¼ kg Topfen (20% Fett)
2 EL Sauerrahm
½ l klare Suppe
(evtl. Würfel)
150 g Polenta (Maisgrieß)
2 EL gemischte Kräuter
(Petersilie, Liebstöckl,
Schnittlauch u. a.)
Salz und Pfeffer
Oregano
1 ½ EL Butter

1 Auflaufform mit ½ Eßlöffel Butter ausstreichen, Backrohr auf 200 Grad C vorheizen.

2 Paprika halbieren, von Strunk und Kernen befreien und in kleine Stücke schneiden.

3 Sauerrahm mit Topfen und Paprika gut vermischen, mit Salz und Pfeffer abschmecken.

4 Suppe aufkochen, 1 Eßlöffel Butter zugeben und Maisgrieß unter ständigem Rühren einfließen lassen. Mit Deckel etwas abdecken (Spritzgefahr) und etwa fünf Minuten köcheln lassen. Masse mit Salz, Pfeffer und Oregano würzen. Kräuter untermischen.

5 Polenta- und Topfenmasse in 1 cm dicken Schichten abwechselnd in die Form streichen und mit Polenta abschließen.

6 Auflauf im vorgeheizten Rohr ca. 25 Minuten backen. Backrohr auf höchste Stufe schalten und den Auflauf goldgelb überkrusten. Mit gehackter Petersilie bestreuen.

Tip

Dazu paßt grüner Salat und eventuell ein Gläschen Bier.
Als herzhafte Variante könnte man auch ein paar gebratene Speckwürfel oder Salami-Scheiben darüber geben, was einerseits das Geschmackserlebnis, andererseits aber auch den Kalorienwert erhöhen würde. Fragen Sie im Zweifel einfach Ihren Gewichtskontostand ab!

Erdäpfelpuffer mit Räucherforelle

Zutaten für 2 Personen:
(Kalorienarmes Gericht)

2 Räucherforellen-Filets
1 kleine Zwiebel
3 mehlige Erdäpfel
1 TL Stärkemehl
1 Dotter
3 schwarze entkernte Oliven
150 g Magertopfen
1 EL gehackte Kräuter
(Petersilie, Schnittlauch,
Estragon)
½ EL geriebener Kren
1 Knoblauchzehe
Dillzweige
Salz und Pfeffer
3 EL Öl

1 Forellen in sechs gleich große Stücke schneiden. Eventuell noch vorhandene Gräten mit Pinzette entfernen.

2 Topfen mit den Kräutern verrühren, mit Salz, Pfeffer, Kren und zerdrücktem Knoblauch abschmecken.

3 Zwiebel schälen und kleinwürfelig schneiden. Erdäpfel schälen, grob raspeln und gut ausdrü-

cken. Erdäpfel, Zwiebel, Stärkemehl und Eidotter gut vermischen und mit Salz und Pfeffer würzen.

Aus der Masse sechs flache Laibchen formen. Öl in einer Pfanne erhitzen und die Laibchen beidseitig goldbraun braten. Aus der Pfanne heben und auf Küchenpapier gut abtropfen lassen. Mit Kräutertopfen bestreichen, Forellenfilets darüber legen und mit Olivenhälften und Dillzweigen garnieren.

Erdäpfel mit Lachs und Kräuterdip

Zutaten für 2 Personen:

200 g Räucherlachs
4 große speckige Erdäpfel
4 EL Olivenöl
1 Becher Sauerrahm
1 EL Mayonnaise
(fettreduziert)
etwas Zitronensaft
Salz und Pfeffer aus
der Mühle
Kümmel
Cayennepfeffer
1 Prise Zucker
einige Tropfen Worcester-
Sauce
1 Zwiebel
1 Kräuterbund mit Dille,
Schnittlauch, Petersilie
und Estragon

1 Die Erdäpfel unter fließendem Wasser gut abbürsten, abtropfen lassen und halbieren. Zwiebel schälen und feinhacken, Kräuter waschen, verlesen und fein hacken.

2 Die Erdäpfel mit Olivenöl bestreichen, mit Salz und Pfeffer würzen, auf der Schnittseite mit etwas Kümmel bestreuen und im vorgeheizten Backrohr (180 - 200 Grad C) ca. 40 Minuten backen.

3 In der Zwischenzeit den Sauerrahm mit der Mayonnaise verrühren, mit Salz, Pfeffer, Zitronensaft, Worcester-Sauce, etwas Cayennepfeffer und Zucker gut abschmecken.

4 Zwiebel und Kräuter untermischen und bei Bedarf noch etwas nachwürzen.

5 Die gebackenen Erdäpfel auf einen Teller legen, den Räucherlachs darüber verteilen und mit einem Häubchen aus Kräuterdip versehen. Mit kleinen Kräuterzweigen garnieren und sofort servieren.

Tip

Dieses Gericht gibt in reduzierter Menge eine originelle Vorspeise zu Kohlenhydrat-gerichten ab. Als Hauptspeise reicht man dazu frische Blattsalate.

Spinatknödel

1 Spinat putzen, waschen und kurz überbrühen, kalt abschrecken, kurz ausdrücken und anschließend grob schneiden. Knoblauch schälen und durch die Knoblauchpresse drücken.

2 Schlagrahm und Dotter verquirlen. Mehl, Kräuter, Knoblauch und Spinat beigeben und gut vermischen. Mit Salz, Pfeffer und geriebener Muskatnuß abschmecken.

3 Aus der Masse gleichmäßig große Knödel formen und in kochendes Salzwasser geben. Hitze reduzieren und 8 - 10 Minuten weiterköcheln lassen. Knödel mit einem Siebschöpfer herausnehmen und gut abtropfen lassen.

Zutaten für 2 Personen:
(Kalorienarmes Gericht)

300 g frischer Blattspinat
1 Dotter
1 EL Kräuter
1 Knoblauchzehe
$\frac{1}{16}$ l Schlagrahm
100 g glattes Mehl
Salz, Pfeffer, Muskatnuß

Tip
Dazu passen Blattsalate.

Marillentascherln

Zutaten für 6 Stück:

120 g glattes Mehl
60 g Butter
½ Päckchen Vanillezucker
1 EL Staubzucker
(oder Streu-Kandisin)
¼ Becher Crème fraîche
1 - 2 Eidotter
(je nach Größe)
6 kleine Marillen
1 EL Marillenbrand
Zitronenschale (unbehandelt)
Salz
Zimt

1 Kalte Butter in kleine Würfel schneiden. Mehl mit Butter verbröseln und mit Zucker, Vanillezucker, abgeriebener Zitronenschale, Crème fraîche, Dotter, etwas Salz und Zimt zügig zu einem glatten Teig kneten. Teig in Frischhaltefolie wickeln und etwa eine halbe Stunde im Kühlschrank rasten lassen.

2 Marillen waschen, entkernen und in kleine Stücke schneiden. Mit Marillenbrand beträufeln, ein wenig Staubzucker (oder Streu-Kandisin) darübergeben und etwa eine Viertelstunde ziehen lassen.

3 Backrohr auf 180 Grad C vorheizen. Mürbteig auf einer leicht bemehlten Arbeitsfläche etwa 2 mm dick rechteckig ausrollen und in ca. 10 x 10 cm große Quadrate schneiden. Mit Teigresten ebenso verfahren.

4 Quadrate mit Marillenstückchen belegen und diagonal zu Dreiecken zusammenklappen. Die Teigränder gut zusammendrücken.

5 Die Marillentascherln auf ein mit Backpapier belegtes Blech legen und im vorgeheizten Rohr auf der mittleren Schiene ca. 20 Minuten goldgelb backen.

6 Die Marillentascherln aus dem Rohr nehmen und mit etwas Staubzucker bestreut anrichten.

Tip

Da gute Desserts ohne Zucker meist kein Auslangen finden, sollte man sich als figurbewußter Mensch auf ein Stück beschränken (260 kcal / 1110 kj). Ich persönlich esse lieber zwei Stück und süße daher mit Streu-Kandisin.
Man kann die Teigtascherln auch sehr gut einfrieren, ohne sie vorher mit Zucker zu bestreuen.

Getunkte Bananen

Zutaten für 2 Personen:
(Kalorienarmes Gericht)

2 nicht zu reife Bananen
150 g Bitter-Schokolade
2 EL Kokosette

1 Großen Teller mit Backpapier auslegen. Schokolade in kleine Stücke brechen und über Wasserdampf schmelzen.

2 Bananen schälen, in ca. 3 cm dicke Scheiben schneiden, nacheinander auf eine Fleischgabel spießen und in die geschmolzene Schokolade tauchen.

3 Bananenscheiben gut abtropfen lassen, auf Backpapier setzen, mit Kokosette bestreuen und etwas abgekühlt in den Kühlschrank stellen, bis die Schokolade fest geworden ist.

Die Schoko-Bananen auf einem Dessertteller anrichten.

Tip

Wenn man das Foto dieser Nachspeise betrachtet, so könnte man meinen, daß dies mit figurbewußter Ernährung nicht viel zu tun haben kann. Doch diese feine Leckerei hat pro Portion nicht mehr als etwa 85 Kalorien (dies entspricht in etwa einem Diät-Fruchtjoghurt)!

Schließlich muß man ja auch nicht überall ein Sahnehäubchen draufklatschen.

Zwetschkenknödel

½ kg mehlige Erdäpfel
2 Dotter
Salz
1 EL Weizengrieß
4 EL weiche Butter
100 g glattes Mehl
60 g geriebener Mohn
1 EL Kristallzucker
8 reife Zwetschken

1 Die Erdäpfel waschen, in Salzwasser kochen, schälen und durch eine Erdäpfelpresse drücken. Mit etwas Salz, den Dottern, 2 Eßlöffel Butter, Grieß und Mehl zu einem glatten Teig verkneten und ca. 20 Minuten rasten lassen.

2 Die Zwetschken waschen und entkernen (bei sauren Früchten eventuell etwas künstlichen Süßstoff hineingeben).

3 Den Teig auf einer bemehlten Arbeitsfläche zu einer Rolle formen, in acht gleich große Stücke schneiden, welche etwas flachgedrückt werden. Je eine Zwetschke auflegen, mit Teig überschlagen und zu glatten Knödeln formen.

4 Reichlich Salzwasser zustellen und die Knödel etwa 10 Minuten schwach wallend köcheln, bis sie an der Oberfläche schwimmen.

5 Inzwischen 2 Eßlöffel Butter in einer Pfanne zerlassen.

6 Die Knödel mit einem Siebschöpfer aus dem Wasser heben, gut abtropfen lassen, mit Mohn und Zucker bestreuen und mit zerlassener Butter beträufeln.

Tip

Anstatt der Zwetschken können natürlich auch Marillen oder andere Früchte verwendet werden.
Obwohl saure Früchte grundsätzlich zu den Eiweißen gehören, ist ihre Verwendung zu den Knödeln unbedenklich, da die Früchte im gegarten Zustand leicht bekömmlich sind.
Mit etwa 250 - 300 kcal pro Stück zählen die Knödel nicht gerade zu den Kalorienbomben. Wer jedoch Gewicht reduzieren möchte, sollte sich auf ein Stück beschränken. Man kann die Knödel auch recht gut einfrieren, jedoch ohne Mohn und Zucker!

Beerencocktail mit Joghurtcreme

1 Blättchen und kleine Stiele von den Beeren entfernen und nur sehr kurz in einem Sieb unter fließendem Wasser waschen. In zwei Glasschalen verteilen. Ein paar schöne Beeren zum Garnieren beiseite tun.

2 Den Inhalt des Joghurtbechers in eine kleine Schüssel geben und gut rühren, bis er eine cremige Substanz hat.

3 Honig, Vanillezucker und Cointreau daruntermischen und nochmals gut verrühren.

4 Die Creme über die Früchte verteilen und mit den restlichen Beeren garnieren.

Zutaten für 2 Personen:

Ca. 200 g frische, gemischte Beeren der Saison
1 Becher Joghurt – natur (3% Fett)
1 TL Honig
½ Päckchen Vanillezucker
1½ TL Cointreau (Orangenlikör), wahlweise Himbeergeist oder Fruchtsirup

Tip

In den „Hay´schen" Trennkost-Büchern liest man zwar, daß Beeren (außer Heidelbeeren) vorwiegend Eiweiß enthalten, womit die Beigabe von Honig und Vanillezucker (Kohlenhydrate) nicht trennkostgerecht wäre. An dieser Stelle möchte ich jedoch nochmals anmerken, daß in vielen Speisen beide Nährstoffe enthalten sind und man so explizit gar nicht trennen kann. Das Gericht ist leicht und bekömmlich und wird die Fettzellen in keiner Weise befriedigen.

Ich empfehle jedoch, die Früchte nicht unmittelbar nach dem Essen als Dessert zu genießen, sondern als Zwischenmahlzeit oder als Frühstück an heißen Sommertagen (beispielsweise mit Müsliflocken).

Wer jedoch zusätzlich Kalorien einsparen möchte, wähle ein Magerjoghurt (das allerdings nicht so schön cremig wird). Man kann freilich auch auf Honig, Vanillezucker und Cointreau verzichten, aber - ist das Leben dann noch schön?

Topfencreme mit Früchten

Zutaten für 2 Personen:

200 g Magertopfen
⅛ l Joghurt natur
1 EL Sauerrahm
1 Zitrone
60 g Staubzucker
(wahlweise Streu-Kandisin)
1 ½ EL Schlagobers
1 Kiwi
1 Orange
1 Birne
ein paar Weintrauben (oder
andere Früchte der Saison)

1 Topfen mit Zitronensaft und Staubzucker (oder Streu-Kandisin) vermengen. Joghurt und Sauerrahm möglichst ohne Flüssigkeit hinzufügen und gut verrühren.

2 Schlagobers steif schlagen und mit Topfencreme vermengen.

3 Früchte schälen und in Scheiben oder Spalten schneiden. Weintrauben waschen und halbieren. Ein paar Fruchtstücke zum Garnieren beiseite stellen, die übrigen Früchte auf Desserttellern verteilen. Topfencreme darübergeben und mit Früchten garnieren. Im Kühlschrank kalt stellen.

Tip

Wer die Trennkost vorwiegend aus gesundheitlichen Gründen praktiziert und weniger, um sein Gewicht zu reduzieren, der möge seinen Gaumen mit echtem Zucker befriedigen. Immerhin schlägt dieses Dessert mit ca. 400 kcal / 1700 kj zu Buche.

Apfel-Rahm-Nockerln

Zutaten für 2 Personen:
(Kalorienarmes Gericht)

1 kleiner säuerlicher Apfel
1 Becher Sauerrahm
1 Zimtstange
2 Gewürznelken
1 Pkg. Vanillezucker
10 g Rum-Rosinen
Schale von ½ Zitrone
30 g Grieß
2 EL Joghurt - natur
1/16 l Schlagobers

1 Apfel schälen, vierteln, Kerngehäuse entfernen und kleinwürfelig schneiden.

2 Sauerrahm, Vanillezucker, Zimtstange, Nelken, abgeriebene Zitronenschale und Rum-Rosinen vermischen, in eine kleine Pfanne geben und auf kleiner Flamme unter ständigem Rühren zum Kochen bringen.

3 Apfelstücke zugeben und nochmals kurz aufkochen. Zimtstange und Nelken entfernen und den Grieß unter ständigem Rühren behutsam einrieseln lassen. Die Masse rühren, bis sie dickcremig

wird. Die Pfanne vom Herd nehmen, den Inhalt in eine Schüssel geben und abkühlen lassen.

4 Joghurt cremig rühren und in die Grießmasse einbinden. Schlagobers schlagen und unterheben. Masse mit Frischhaltefolie zudecken und im Kühlschrank ca. 1 Stunde festwerden lassen.

5 Mit einem Löffel Nockerl ausstechen. Eventuell auf Fruchtmus oder einem Gemisch aus Himbeersaft und Portwein servieren und mit frischen Beeren und etwas Minze garnieren.

Tip

Dieses Dessert ist mit einem Nährwert von etwa 275 kcal/ 1150 kj nicht allzu üppig und eignet sich hin und wieder recht gut für eine liebevolle „Eigenbelohnung" - wenn's schon sonst keiner tut!

Bananen-Joghurt mit Heidelbeeren

Zutaten für 2 Personen:
(Kalorienarmes Gericht)

1 nicht zu reife Banane
1 Becher Joghurt
1 EL Honig
½ Pkg. Vanillezucker
1 EL Sherry
½ Zitrone (unbehandelt)
2 EL frische Heidelbeeren

1. Joghurt, Honig, Sherry, Vanillezucker und einen Spritzer Zitronensaft mit dem Handrührgerät cremig schlagen und kaltstellen.

2. Banane schälen, in kleine Stücke schneiden und mit dem Stabmixer fein pürieren.

3. Gekühlte Joghurtcreme mit Bananenmus gut vermengen und in Schalen füllen.

4. Für die Garnitur Zitronenschale in dünnen Streifen abziehen, kurz in Salzwasser überkochen, abschrecken und abtropfen lassen. Die Heidelbeeren kurz unter fließendem Wasser waschen und gut abtropfen lassen.

5. Creme mit Heidelbeeren, Zitronenschalenstreifen und eventuell mit einer Erdkirsche garnieren.

Tip

Statt Honig kann man auch künstlichen Süßstoff verwenden, was den Kaloriengehalt einigermaßen reduzieren würde. Wer jedoch tagsüber mit kulinarischen Lustbarkeiten artig war, darf sich das Bißchen „dolce vita" ohne Gewissensgrübelei leisten - zum Beispiel als leichte und einzige Abendleckerei.

Mango-Törtchen

Zutaten für 4 Portionen:
(Kalorienarmes Gericht)

1 große reife Mangofrucht
1 Pkg. Vanillezucker
⅛ l Portwein
(oder auch Weißwein)
2 Blatt Gelatine
1/16 l Schlagobers
Minze-Blättchen

1 Mango mit Spargelschäler dünn schälen, Fruchtfleisch in Spalten vom Kern schneiden. Am Kern verbliebenes Fruchtfleisch ebenfalls abschneiden. Ein paar Fruchtspalten in Frischhaltefolie im Kühlschrank aufbewahren (wird später für die Garnitur verwendet).

2 Restliches Fruchtfleisch (ca. 250 g) kleinwürfelig schneiden. Vanillezucker, Portwein und 1/16 l Wasser verrühren und aufkochen. Fruchtfleisch zugeben und auf kleiner Flamme weiterköcheln. Masse vom Feuer nehmen und mit einem Stabmixer fein pürieren.

3 Gelatine in kaltem Wasser einweichen, gut ausdrücken und in der noch warmen Masse auflö-

sen. Masse auskühlen lassen, wobei sie jedoch nicht fest werden sollte.

4 Obers schlagen. Zwei Drittel davon in das Mangomus rühren, restliches Obers vorsichtig unterheben. Masse in Puddingförmchen (ca. 1/8 l) füllen und im Kühlschrank etwa drei Stunden fest werden lassen.

5 Vor dem Servieren die Förmchen kurz in heißes Wasser tauchen. Mango-Törtchen auf Teller stürzen und mit den Mangostreifen und Minze-Blättchen garnieren.

Tip

Reife, süße Früchte enthalten mehr Kohlenhydrate als Eiweiß (auch Fruchtzucker ist Zucker!). Auch wegen des Vanille-Zuckers ist dieses Dessert den Kohlenhydraten zuzuordnen, obwohl die Zuckermenge pro Portion nur gering ist.
Wegen der rohen Fruchtgarnitur wäre zu empfehlen, das Dessert erst etwa eine Stunde nach einer Kohlenhydrat-Hauptmahlzeit oder als Zwischenmahlzeit zu genießen, da es dann leichter verdaulich ist.

Überbackene Orangenfilets

Zutaten für 2 Personen:

2 süße Orangen
2 Dotter
1 EL Kristallzucker
½ Pkg. Vanillezucker
1 EL Orangenlikör (Grand Marnier oder Cointreau)
1/16 l Schlagobers
1 EL gehackte Pistazien
1 TL Staubzucker

1 Früchte schälen und auch die weiße Innenhaut der Orangen entfernen. Filets zwischen den Trennhäuten herausschneiden und portionsweise auf Tellern anrichten (wem dies zu mühsam ist, der nehme Dosenfilets).

2 Backrohr auf Grillstellung vorheizen. Dotter mit Kristall- und Vanillezucker verrühren und über Wasserdampf dickcremig schlagen, vom Dampf nehmen und kaltrühren. Obers steif schlagen und gemeinsam mit dem Likör unter die Dottercreme heben.

3 Die Orangenfilets mit der Creme gleichmäßig überziehen, mit Staubzucker bestreuen und im vorgeheizten Rohr (oberste Schiene) goldgelb überbacken. Vor dem Servieren mit Pistazien bestreuen.

Tip

Süße Früchte werden eher den Kohlenhydraten zugeordnet. Grundsätzlich enthalten Orangen Eiweiß wie auch Kohlenhydrate in so kleinen Spuren, daß dies für die Trennkost - vor allem in gegartem Zustand - unerheblich ist.

Bei diesem Dessert sollte man den Zucker nicht durch Süßstoff ersetzen, da sonst die Creme nicht schaumig wird. Wer sich ca. 360 kcal / 1510 kj pro Portion nicht leisten möchte, esse lieber nur die Hälfte!

Kleine Kräuterkunde:

Schnittlauch:
Sollte - wie alle Kräuter - stets frisch sein. Paßt nahezu universell zu Gerichten wie Eierspeisen, Suppen, Salaten, Saucen und Aufstrichen. Schnittlauch sollte erst kurz vor seiner Verwendung geschnitten und nicht stark erhitzt werden, da er sonst seinen zart-würzigen Zwiebelgeschmack verliert. Schmeckt am besten auf's frische Butterbrot. Läßt sich problemlos in Kleingärten und Blumentöpfen ziehen.

Kresse:
Kresse sollte möglichst roh verwendet werden. Man verwendet sie für Suppen, Erdäpfel- und Eiergerichte, würzt damit kalte Vorspeisen oder streut sie einfach auf ein Butterbrot. Kresse ist zum Einfrieren nicht geeignet. Hat eine blutreinigende, blutbildende und entschlackende Wirkung.

Petersilie:
Sie ist mit ihren aromatischen glatten oder gekrausten Blättern zu einem unserer wichtigsten Küchenkräuter geworden. Die glatten Blätter schmecken intensiver, während die gekrausten sich besser als Dekoration eignen. Hoher Gehalt an Vitamin C und Provitamin A, sowie Calcium, Eisen und ätherischen Ölen. Unterstützende Wirkung zur Entschlackung; wirkt schleimlösend und appetitanregend. Paßt nahezu überall, wo Kräuter erwünscht sind. Gedeiht auch in Blumentöpfen.

Zitronen-Melisse:
Die frischen Blätter duften blumig-zitrusartig und sind ein erfrischender Geschmacksspender für Salate, Saucen, Aufstriche, Bowlen und Fruchtgetränke. Melisse hat einen guten Ruf als Heilpflanze gegen Fieberblasen, Blähungen und Krämpfe. Melissentee aus getrockneten Blättern tut als Einschlafhilfe gute Dienste.

Thymian:
Hocharomatisches Gewürz, das den Geschmack von Rindfleisch, Lamm, Lebergerichten, Gemüse, Pilzen und Marinaden veredelt. Harmoniert gut mit Knoblauch, Rotwein und Olivenöl. Die ätherischen Öle der Pflanze haben eine konservierende Wirkung (früher wurden Mumien damit einbalsamiert), welche auch für den herben Geschmack verantwortlich sind. Wirkt heilend gegen Husten und Bronchitis.

Basilikum:

Seit dem Einbruch der italienischen Kochkunst in unser Knödelland findet dieses vormals exotisch geltende Kraut auch bei heimischen Köchen leidenschaftliche Zuneigung. Basilikum sollte möglichst nur frisch verwendet werden und hält sich 2 - 3 Tage im Kühlschrank. Man kann es auch einfrieren oder in Olivenöl einlegen. Paradeiser und Basilikum sind vom Salat bis zur Sauce ein perfektes Gespann. Außerdem paßt es zu Reis-, Nudel- und Gemüsegerichten, Salaten, Eintöpfen, Fisch, Fleisch, Eierspeisen und Saucen. Es harmoniert mit Knoblauch, Thymian, Oregano, Rosmarin und Petersilie. Zudem wirkt ein Basilikumtee bei Magenverstimmungen und Blähungen.

Rosmarin:

Herb-würziger, kampferartiger Geschmack. Man kann ihn in Blumentöpfen ziehen. Rosmarin hält einige Tage im Kühlschrank oder man trocknet ihn. Seine ledrig spitzen Blätter werden zum Kochen fein gehackt, oder in ganzen Nadeln beigelegt. Harmoniert mit Lamm- und Kalbsbraten, Eintöpfen, aber auch mit gebratenem Huhn oder Kaninchen. Wegen seines intensiven Geschmacks sollte Rosmarin jedoch eher sparsam dosiert werden. Man spricht ihm Heilkraft bei Atemwegs- und Verdauungsbeschwerden, wie auch bei Schwächezuständen zu.

Majoran:

Ein enger Verwandter des Oregano's. Der herb-würzige Geschmack ist vor allem bei deftigen Gerichten, wie fettem Fleisch, Innereien, Erdäpfelspeisen, Gänse- und Entenbraten, wie auch als Wurstwürze gefragt. Man kann Majoran gut in Töpfen ziehen. Aufbewahrung maximal 1 - 2 Tage im Kühlschrank oder trocknen.
Kräuterkundige empfehlen ihn als Tee zur Behandlung von Erkältungskrankheiten, nervösen Störungen und Magenverstimmungen.

Kerbel:

Der süßlich-feinwürzige Kerbel ist eines der wichtigsten Gewürzkräuter der französischen Küche. Aber auch heimische Spitzenköche bedienen sich seiner liebevoll - für zart pochierten Fisch wie Scholle, Seezunge oder Forelle, aber auch für Geflügel, Erdäpfel-, Reis- und Eiergerichte oder cremige Saucen. Seine geschmackliche Bestnote hat er nur im Rohzustand. Hoher Gehalt an Vitamin C. Wirkt harntreibend und blutreinigend.

Minze:

Die Hälfte der Welternte wird für Kaugummi und Zahncremes verwendet. Findet in der traditionellen österreichischen Küche wenig Aufmerksamkeit. Paßt hervorragend zu sommerlichen Topfen- und Joghurtgerichten, Bowlen und Fruchtdesserts. Pfefferminze findet hierzulande seine häufigste Verwendung als Tee, der nach üppigen Mahlzeiten bei Blähungen und Magenbeschwerden, sowie bei Nervosität und Schlaflosigkeit Linderung bietet.

Estragon:
Die zarten Blättchen haben ein feines, bittersüßes Aroma. Estragon ist schwer zu kultivieren. Sollte möglichst rasch verarbeitet werden. Beim Trocknen geht viel von seinem Aroma verloren; besser ist einfrieren. Harmoniert mit Fisch, Geflügel und Kaninchen, aber auch mit Ragouts, Eiergerichten und Kräutermarinaden. Sein Aroma entfaltet sich bei cremigen Saucen besonders gut.

Oregano:
Erst die beliebte italienische Eßkultur hat uns mit diesem intensiven Gewürzkraut bekannt gemacht, welches kräftiger schmeckt als Majoran. Typisches Gewürz für Pizza und Tomaten-Spaghettisaucen, paßt aber auch zu Lamm und mexikanischen Gerichten. Verträgt sich gut mit Rosmarin. Oregano ist wegen seines stark hervorhebenden Geschmacks mit großer Sparsamkeit zu verwenden.

Salbei:
Seine robusten, dunkelgrünen Blätter haben einen dominanten, kampferartigen Geschmack. Man kann Salbei sehr gut in Töpfen auf dem Balkon und im Garten ziehen. Steht oft sogar einen frostigen Winter durch. Die rohen Blätter jedoch sind kaum genießbar. Gekocht schmeckt er zu Leber, Aal, Nudelgerichten, Wild und Geflügel. Nicht nur italienische Köche verzaubern damit auch Kalbfleisch-Gerichte. Als Tee hat Salbei eine entzündungshemmende Wirkung.

Lorbeer:
Frische Blätter sind nicht genießbar, doch getrocknet hat das herb-intensiv schmeckende Gewürz seinen festen Platz in unseren heimischen Küchen. Küchenlorbeer kann man auch in Töpfen ziehen und in warmen Jahreszeiten auf ein windstilles, nicht zu sonniges Plätzchen stellen. Paßt knapp dosiert zu Fleischbeizen, Wild, Eintöpfen und Fleischsuppen.

Abkürzungen

EL .... Eßlöffel
TL .... Teelöffel
TK .... Tiefkühl
kcal .... Kilokalorie
kj .... Kilojoule
g .... Gramm
kg ....Kilogramm

Wortdeutung

Für meine Leser in Deutschland und in der Schweiz, für die die landesüblichen österreichischen Begriffe exotische Rätselhatigkeit auslösen:

1 Schuß	ca. 1 Teelöffel
Butterschmalz	Butterfett
Eierschwammerl	Pfifferlinge
Erdäpfel	Kartoffel
Fisolen	grüne Bohnen
Häuptelsalat	Kopfsalat
Karfiol	Blumenkohl
Knödel	Klöße
Kohl	Wirsing
Kren	Meerrettich
Marillen	Aprikosen
Nockerln	kleine Klöße
Obers	Sahne
Paradeiser	Tomaten
Polenta	Maisgrieß
Puffer	Laibchen
Püree	Brei
Sauerrahm	saure Sahne
Schlagobers, Schlagrahm	Schlagsahne, Obers
Schöberl	spezielle österreichische Suppeneinlage
Schöpfer	Kelle
Schwammerl	Pilze
Topfen	Quark, Weißkäse
Weckerl	Brötchen
wuzeln	rollen
Zwetschken	Pflaumen

Rezept-Register

STEFANIE
WERGER

Am Anfang
war die
Liebe

MÄRCHEN
UND ANDERE WAHRHEITEN

Bevor du den Löffel
abgibst, steck´ ihn
in den Mund

Stefanie Werger

Wichtig
ist was
drinnen
steht

Gedanken
zur Zeit

Stefanie Werger

Wer spricht hier von Diät?

Schlanker durch Genuß und Lebensfreude

Mit herausnehmbarer Trenntabelle

Dieses Sachbuch, das in Österreich bahnbrechende Verkaufszahlen in Rekordzeit erreichte und monatelang die heimischen Bestsellerlisten anführte, beinhaltet die Erfahrungen der Autorin mit der Trennkost nach Dr. Howard Hay, wodurch sie in kurzer Zeit nicht nur ihre schweren, gesundheitlichen Probleme kurieren, sondern auch über vierzig Kilo abspecken konnte, ohne diese neue Ernährungsform als Pein zu empfinden. Ihre leicht verständlichen Inhalte und Anregungen haben landesweit ein überwältigend positives Echo ausgelöst.

http://www.stefanie-werger.at

Stefanie Werger

Bisher erschienene Alben

Album	Label		Katalognummer
Die nächste bin i	AMADEO	⊙	500 048
		▭	821 048
Zerbrechlich	AMADEO	⊙	812 119-1
		▭	812 119-4
Wendepunkt	AMADEO	⊙	821 225-1
		▭	821 225-4
Lust auf Liebe	RCA	⊙	71698 NL
		▭	71698 NK
		◐	71698 ND
Intim	RCA/GIG	⊙	222 135
		▭	444 135
		◐	660 135
Sehnsucht nach Florenz	RCA/GIG	⊙	222 141
		▭	444 141
		◐	660 141
. . . lebendig (live)	RCA/GIG	⊙	222 146
		▭	444 146
		◐	660 146
bzw. (beziehungs weise)	RCA/GIG	⊙	222 151
		▭	444 151
		◐	660 151
Stille Wasser	RCA/GIG	⊙	222 164
		▭	444 164
		◐	660 164
Die 9te	X-PRESS	⊙	592 011
		▭	592 014
		◐	592 012
Lebenszeichen	X-PRESS	▭	592 074
		◐	592 072
ganz nah (live)	BMG Ariola/	▭	74321 370244
	X-PRESS	◐	74321 370242
Stefanie Werger – Die größten Hits	BMG Ariola	◐	74321 530552
Mit uns die Zeit	BMG Ariola	◐	74321 607642

WERGER'S...

„Werger's..." ist ein Cafe - Pub in eigenwilligem Baustil, edlem Ambiente und gemütlicher Atmosphäre, umgeben von einem gepflegten Garten und einer großzügigen Terrasse. In diesem Haus werden Sie freundlich und aufmerksam bedient; dafür sorgt ein lokales Team und vor allem meine Schwester Helga Winter, die dieses Lokal sehr liebevoll führt. Bei guter Musik können Sie hier köstlichen Kaffee, Bier vom Faß oder ein paar Gläschen spritzigen, südsteirischen Wein von ausgesuchten Weinhändlern genießen. Den kleinen Hunger stillt der überaus beliebte „Werger's - Spezialtoast".

Öffnungszeiten: Täglich von 10 - 24 Uhr, Samstag von 15 -24 Uhr.
An Sonn-und Feiertagen geschlossen.

Werger's, Pirchäckerstraße 30, A-8053 Graz